南山慈善译丛
NANSHAN TRANSLATIONS OF
CHARITY RESEARCH

第一辑主编/褚蓥

撬动公益：

慈善和社会投资新前沿导论

LEVERAGE FOR GOOD:

AN INTRODUCTION TO THE NEW FRONTIERS OF PHILANTHROPY AND SOCIAL INVESTMENT

［美］莱斯特·M.萨拉蒙／著
（Lester M. Salamon）

叶托　张远凤／译

社会科学文献出版社
SOCIAL SCIENCES ACADEMIC PRESS (CHINA)

　　本书出版得到深圳市福田区社会建设专项资金、深圳市社会公益基金会、深圳市爱迪公益事业服务中心、深圳市慈善会支持

南山慈善译丛编委会

"历史总会出现这样一些时刻：时代的需求激发出绵延不绝、前景远大的创新。"

——监测研究院（Monitor Institute），2009 年

总　序

学术的意义是什么？我认为是要在求得经世济国之用的同时，追求自身内心的安宁。一部学术作品如果连学者自己的内心都无法抚慰，那么这样的作品也就缺乏灵气，是不可能流传于世的，更难以利社稷、安国家。

2014年，我来到广州，开始寻找学术的意义。在这里，我寻找到了一座"山"，并在"山"上安居，过一种处江湖之远，近乎隐居的生活。偶然也有友人来广州寻我，问及"山在哪里"，我笑而答曰"山在心中"。

"山在心中"是一种学术态度，也是一种人生态度。选择做这种学术，能安静地思考；选择过这种生活，能获得幸福。事实上，这种恬淡而平静的生活的确给了我智慧的惠风，也给了我幸福的感觉。这才是真正的"采菊东篱下，悠然见南山"。

所幸的是，"山"中的生活并不孤单。我来广州后，相继有多位好友来"山"中与我结庐为伴。我们时常会面，把酒言欢，谈天论地。于是，"六朝多少兴废事，尽入渔樵闲话"。

2015年初，一位好友在聚会时提出："我辈皆以弘扬中华慈善学为趣，而我国慈善学之研究甚为鄙陋。

我们何不做一套译丛，介绍西方慈善思想，以为对比借鉴。"听到这一主张，我拍手称好。经过两年的筹备，这套南山慈善译丛终于推出了第一辑。而其中"南山"二字，正取自我们内心安居地之名。

这套译丛以慈善思想为主线，分为三个系列：慈善思想、慈善历史、慈善法律。每一个系列皆选择数种国外经典慈善学作品，逐步翻译引入。其中，第一辑选了三本书，即每个系列各有一本书。这三本书都是有一定影响力的作品，也是我们从 400 多本慈善学作品中精挑细选之后确定的作品。参与这套译丛翻译工作的译者都是做义务劳动，没有领受一分钱的报酬，而且他们翻译都十分认真。这种一丝不苟的学术态度，恰恰符合前文言及的"南山精神"——爱智慧，爱生活。

是为序！

褚 蓥

2016 年 12 月 20 日

如今，中国的慈善事业蒸蒸日上。

根据基金会中心网提供的数据，截至 2013 年，中国已经拥有 3600 多家基金会。① 这些基金会掌控着 930 亿元（约等于 139 亿美元）资产，并对外提供了 290 亿元（约等于 43 亿美元）的拨款资金。2016 年，中国的全国人大表决通过了一部《慈善法》。该法批准了基金会和其他社会组织的创建，并为它们制定了保障其慈善组织身份的规则，赋予了它们开展公开募捐的特权。慈善支持组织也已开始涌现。50 家大型基金会联合发起了"中国资助者圆桌论坛（CDR）"，致力于交流经验和探讨最佳实践。在比尔·盖茨和马云（因阿里巴巴公司而声名鹊起）的支持下，深圳国际公益学院正式成立，其目标是提升慈善领域的职业标准。类似的实体还包括中国公益研究院、清华大学公益慈善研究院、中央民族大学基金会研究中心和一个向 10000 名成员定期传播学术研究、新闻报道、案例研究等相关信息的"公益慈善学园"微信公众号。

上述这些发展呈现出了积极的一面，令人鼓舞，

---

① 参见 http://en. foundationcenter. org. cn/mission. html。

但是也伴随着一种风险。这种风险长期折磨着美国的慈善领域，而政府官员却非常乐意鼓励和延续这种风险。这种风险就是，在关注和热情的包围下，慈善的能力被过分夸大。

关于该领域的最权威数据来源表明，美国每年的慈善捐赠达到3000亿美元；美国76000家基金会拥有近7000亿美元的资产。看到这些数据，就不难理解为什么很多美国人，尤其是很多政策制定者，均坚定不移地相信，美国非营利部门的资金支持主要来自于慈善。这就是为什么美国前总统罗纳德·里根会认为，他可以轻易地削减联邦预算，并依靠慈善来填补由此造成的缺口。这也是为什么最近保守派议员会认为，联邦政府关门只会对关键性健康、教育和社会服务的提供产生微乎其微的影响。

然而事实恰恰与此相反。在美国，慈善捐赠仅仅占了美国慈善机构收入的10%。庞大的基金会部门也只为美国慈善机构提供了2%的收入。实际上，与美国经济中的其他资产池相比，基金会部门的资产只是一个零头。基金会部门6820亿美元的资产仅仅相当于私人养老基金64000亿美元资产的十分之一，不到美国互惠基金78000亿美元资产的十一分之一。

这和《撬动公益》的中文版有什么关系呢？一句话：关系密切。尽管中国的慈善事业近年来展示出了活力和增长，但是在有一个领域里，它依然处在萌芽阶段。在这个领域里，甚至庞大的美国慈善产业也就仅仅表现得像一只"喧闹的老鼠"（mouse that roared）。"喧闹的老鼠"是20世纪50年代晚期一部讽刺电影的名字。这意味着，为了有效应对中国（或美国）社会面临的大量问题，慈善必须发挥战略性作用。而发挥战略性作用的途径之一是运用杠杆。

杠杆是一种机制，运用它可以将较少的能量转化成更大的力量。据传，古希腊数学家阿基米德曾扬言，给他一根杠杆和一个支点，他便能"撬动地球"。在慈善的世界里，这种机制可以将有限的慈善资源转化成更大的社会影响。

慈善可以通过不少途径来撬动极其有限的资源，从而促成更大的社会进步。其一，它可以调集非营利组织的力量和资源来扩大慈善的影响。其二，它可以将一些力量集中到倡议活动之上，以此动员政府投入更大的力量来解决紧迫的社会或环境问题。

然而，本书探讨的是第三种可以撬动有限的慈善力量和资源的途径：利用这些有限的慈善力量和资源，释放出存留在银行、养老基金、保险公司和高净值人群的投资基金里的巨额资产。这可以通过下面的办法来实现：将金融工具引入慈善的世界。这里的金融工具不同于拨款，包括贷款、贷款担保、信用增级、保险和股权投资等。通过降低投资者的风险和让他们接受较低的回报率，这些工具可以激励私人投资资本和公共投资资本进入社会目标投资。就促成社会和环境目标而言，拨款是一种效率比较低的工具：它在拨付之后，便失去了获得回报的指望。向一笔从私人资金池获得的贷款提供担保，不仅可以达成相同的结果，而且很有希望不花一分钱或者只花很少的钱。

此外，这不是一个不切实际的梦想。就像本书表明的，我们正在亲眼看见一个"慈善的新前沿"在全世界兴起，大批涌现的行动主体和工具正在把私人资源引导到社会和环境目标行动中。基金会不再是慈善活动的主要的（或说唯一的）制度化标配。大量的社会目标投资基金出现在了慈善领域，与慈善基金会有时协作有时竞争。另外，一些基金会开始像"慈善银行"一样进行运作，使用多种金融工具和开发自有资产（不限于拨款预算）来支持社会和环境行动。

这一发展导向何方，谁也说不准。但是，在政府支出缩紧和慈善增长缓慢的情况下，这个慈善的新前沿正在高速成长，并有望发挥更大的作用。这对中国及其处在萌芽阶段的慈善部门意味着什么，也难以得知。不过，有一点是可以肯定的：就像其他很多事情一样，中国如果能够把握住慈善新前沿正在成形的机会，就可以轻易地跨越到其他国家的前面。如果本书的中文版本能够对此有所贡献，那么它的使命便已达成。

莱斯特·M. 萨拉蒙

2017 年 4 月 21 日

China is awash in philanthropy these days.

According to the China Foundation Center, the country boasted over 3600 foundations as of 2013. ①These foundations held assets of 93 billion RMB (US $ 13. 9 billion) and generated grants of 29 billion RMB (US $ 4. 3 billion) . In 2016, the People's Congress enacted a new Charity Law, which authorizing the creation of foundations and other social organizations and providing rules for securing charitable status and the privilege of engaging in public fund-raising. Charitable support organizations have also begun to sprout. Fifty of the larger foundations have joined together in a China Donor Roundtable (CDR) to exchange experiences and discuss best practices. With the encouragement of Bill Gates and Jack Ma, the latter of Alibaba fame, a China Global Philanthropy Institute has been formed to improve professional standards in the philanthropic arena. Side by side with these entities are a relatively new China Philanthropy Research Institute, a Center for Philanthropy at Tsinghua University, a Foundation Research Center at

---

① See: http://en. foundationcenter. org. cn/mission. html.

the Central University for Nationalities, and an on-line Charity School disseminating research, news accounts, case studies, and related materials to 10000 regular followers.

Positive and encouraging as these developments are, they also come with a danger, a danger that has long afflicted the American philanthropic arena and that government officials are all too happy to encourage and perpetuate. The danger is that, amidst all the attention and enthusiasm, charity's capabilities become grossly exaggerated.

Looking at the US $ 300 billion in annual charitable giving recorded in the most authoritative source of data on this topic in the United States, or the 76000 U. S. foundations with their nearly US $ 700 billion in assets, it is easy to understand why many Americans, and especially many policymakers, are firmly convinced that the U. S. nonprofit sector is primarily financed by charity. This is why President Ronald Reagan felt he could easily slash the federal budget and rely on charity to fill the gap, and why more recent conservative lawmakers have thought the federal government could be shut down with minimal consequences for the delivery of crucial health, education, and social services.

But the facts suggest otherwise. Charitable giving in the U. S. barely accounts for 10 percent of the income of U. S. charities. And our huge foundation sector provides only 2 percent of that income. Indeed, viewed in the context of other pools of assets in the American economy, the foundation sector barely amounts to rounding error. Its $ 682 billion in assets were one-tenth the scale of the $ 6. 4 *trillion* in private pension funds, and less than $1/11^{th}$ of the $ 7. 8 trillion in U. S. mutual funds.

What has this got to do with the Chinese edition of *Leverage for Good*? In a word: everything. For all its recent vibrance and growth, Chinese philanthropy remains an embryo in a world in which even the huge American philanthropy industry remains only a "mouse that roared," to cite a late-1950s satirical film. What this means is that to be effective, to gain real traction on any of the massive problems Chinese (or American) society is facing, philanthropy must *be strategic.* And one way to be *strategic* is to use *leverage.*

Leverage is the mechanism by which small amounts of energy can be translated into much greater amounts of power. It is what allowed the Greek mathematician Archimedes to claim, according to lore, that given a level and a place to stand he could "move the earth." In the world of philanthropy it is the mechanism that translates the limited resources of charity into much larger social effects.

Philanthropy has several ways to *leverage* its highly limited resources to achieve greater social improvements. In the first place, it can enlist the power and reach of *nonprofit organizations* to extend its influence. In the second place, it can focus some of its energies on *advocacy*, on mobilizing the much greater power of government to address pressing social or environmental problems.

But this book is about a third route to leveraging the limited power and resources of philanthropy: by using them to unleash the much larger assets resident in banks, pension funds, insurance companies, and the investment funds of high-net-worth individuals. This can be done by bringing into the world of philanthropy financial tools that go beyond the giving of grants—tools like loans, loan guarantees, credit enhancements, insurance, equity investments, and more. Such tools can be used to incentivize the flow of private investment capital, as well as public investment capital, into social purpose investments by reducing the risk to other investors and thereby allowing them to accept a lower rate of return. Grants are a much less efficient way to support social and environmental purposes: they are given away with no prospect of return. A guarantee tied to a loan from a pool of private capital can accomplish the same result with a good prospect of costing little or nothing in the end.

This is no abstract dream, moreover. As this book shows, we are witnessing a "new frontier of philanthropy" around the world, a massive proliferation of actors and tools for bringing private resources into social and environmental purpose activities. Foundations are no longer the principal, or at least exclusive, institutional embodiments of philanthropic activity. A large number of social-purpose investment funds have emerged in the philanthropic arena, supplementing, and at times competing with, charitable foundations. In addition, some foundations have begun operating like "philanthropic banks," utilizing multiple financial instruments and tapping their assets, and not just their grant budgets, to support social and environmental activities.

Where this development is going is anybody's guess. With government spending stalled and philanthropy growing slowly, however, this new frontier of philanthropy is developing quickly and is being called on to do even more. What this means for China and its embryonic charitable sector is also hard to gauge. But one thing is certain: as with so much else, China could easily leap-frog ahead of other countries in seizing the opportunities that this new frontier is opening up. If this book in its Chinese translation contributes to that outcome, it will have served its purpose well.

Lester M. Salamon

21 April 2017

序　言

　　近一个世纪以来，美国慈善都在经历一场转型，这场转型可说是其历史上最跌宕起伏和最妙趣横生的转型之一。慈善捐赠的前沿领域变化无常，新主体、新工具和新组织时不时莫名其妙地涌现出来。这种新形势深刻地挑战了传统慈善的一切理念和实践，比如开展慈善业务的方式和定义社会目标的思路。一些在慈善新前沿摸爬滚打多年的资深老手也很难对该领域的情况做到了若指掌，更别说那些新入行者了。

　　这一现实让诸位眼前的这部专著与它的姊妹篇成为新老实务工作者不可不读的参考书。这部专著可以被视为其姊妹篇的导论，它们共同填补了慈善领域的一个空白：构建一个逻辑连贯、内容综合、观点有力的分析框架，可以将一堆相互割裂的碎片拼接为一个浑然天成的整体。这两部著作提供的智力资源和发展路径不仅可以帮助我个人的组织——克雷斯吉基金会（Kresge Foundation），而且可以帮助整个被这场转型所重塑的慈善部门，变得更加卓有成效、活力四射和生机勃勃。这便是为什么克雷斯吉基金会要如此热心地支持这两部书的创作，也是为什么我们会对创作成果如此的满意。

　　实际上，我真希望，5 年前克雷斯吉基金会刚刚启动自己的转型时，这本书就已经存在。克雷斯吉基金会的这次转型浓缩地反映出了本书概括的趋势和主题。因此，请允许我首先描述克雷斯吉基金会的具体经历，以期这些经验能有助于表明该书对于整个慈善部门的重要意义。

一 克雷斯吉基金会的路径

在我 2006 年加入克雷斯吉基金会时，它基本只使用一种工具——资本竞赛型拨款（capital challenge grant）。该工具试图通过帮助非营利组织完成建筑工程的筹款活动（capital campaigns）来提升这些组织的能力。克雷斯吉基金会的招牌非常显眼：我们是砖块和水泥①的代名词。

这是一笔非比寻常的财富，时至今日我们仍引以为傲。我们不仅帮助成千上万的组织顺利完成了它们的重大工程项目，而且自身也发展出了一系列既个性鲜明又令人企慕的能力：

●我们获得了一技之长，并专注于自己擅长的事情——如此一来，我们便有能力将优秀的项目和伟大的项目区分开来，并很容易识别出项目方案的长处和短处。

●拨款申请人非常清楚我们的资助目标——组织必须做好精心的准备，但不必为了忖度我们的心思而刻意制定模棱两可的方案。

●而且我们发挥了一种至关重要的杠杆作用——我们的资助往往像催化剂一样推动其他人参与进来。

然而，我和克雷斯吉基金会的董事会都非常清楚，是时候进行革新了。从我们的角度来看，当务之急不再是建造更多的新建筑，而是提出一种考察最棘手社会问题的广阔思路。当然，我们还会继续秉持那些曾令我们受益颇深的品质：对优秀设想的深刻洞察力、目标的清晰性和高水平的杠杆率。

我们开始对基金会进行局部重建，并逐个领域地思量我们如何才能在美国城市中获得更多的机会。进入我们视野的领域有：投资底特律市的振兴项目，解决医疗卫生不平等问题，缓解和适应气候变化，增加人类服务组织的适应能力，提高低收入和非传统学生的高等教育入学率和毕业率，以及提升艺术和文化在社区认同和振兴中的重要性。

---

① 砖块和水泥即指房地产。——译者注

由于这一系列新的挑战不能只靠一种"工具"，所以我们还不得不调整我们的工作方式。

我们花费了一些时间来完成转型。目前，我们已经清晰地制定出业务战略。我们创建了一些致力于研究、网络、倡导和沟通战略的项目团队。我们将资金支持范围扩展到了各种慈善工具。我们创造了一种社会投资的实践模式，预计将在今后 5 年内通过贷款、担保、关联性储蓄（linked deposits）和直接投资等方式投资 1.5 亿美元。我们试探了风险的边界和跨部门工作的复杂性。

二　资本的重新定位

然而，我们尚不敢远离那个安全而熟悉的避风港——站在拨款中心主义的视角（a grant-centric perspective）来处理大部分的资助机会（funding opportunities）。

像很多基金会一样，克雷斯吉基金会习惯运用两步分析法来决定如何配置自己的资金。

第一步：非营利组织提供的方案是否符合我们的战略？

第二步：我们是否应该以拨款的形式来支持该组织？

对于分析的第一步来说，如此的表述没有丝毫问题。它要求战略意图完全匹配。实际上，这一步所提的问题是必不可少的——我们一开始必须弄清楚我们到底打算解决什么问题。

细微的差别出现在分析的第二步。倘若我们试图破解的问题五花八门，那么解决问题的最佳手段不可能总是向一个组织拨付一笔资金。事实上，几乎没有一个案例可以证明，单纯依靠一笔拨款可以完全解决一个问题或者使我们获得影响力。不过，平心而论，接受拨款方倒很少提出其他要求。

相应地，我们试图提出一个不一样的问题：什么样的一组工具或方法最有可能解决我们关注的问题？

在这组工具里，可能会有拨款的一席之地，但也可能会有项目相关性投资（program-related investment）、奖励或社会影响力债券（social-impact bond）的立足之地。而且，拨款可以被用于达到各种目的——支持运营、项目、研究、公共信息运动（public information campaigns）、倡议、政策改革等诸多行为。冒着被耻笑为过简主义的风险，我们正在检验什么才是问题解决者的首要意涵。其意涵是，一开始就着眼于问题，紧接着挑选一种最适合解决该问题的资本形式——财务资本、智力资本或声誉资本。

在 2008 年的金融危机中，我们首次启用了这种方法。我们社会投资实践的第一批投资便是由手头问题所驱动的。人类服务组织在提供食物、避难所等紧急服务时往往缺少一笔过渡性资金，因为捐款募集到账、政府应付款项兑现和顾客经济能力恢复均需要一定的时间。我们给这些组织提供了 14 笔为期 3 年的零息贷款。这些贷款属于权宜之计，虽然不具任何创新之处，但确实满足了这些组织的急用之需。这也是我们首次采取一种新的方式来开展业务。以此契机为起点，我们逐步涉入更加精细而复杂的投资组合，并因此极大地扩展了我们作为一个慈善组织的能力和效率。这次改变让我们更加重视从一个问题，而非从一项工具入手。

我们家乡底特律市的伍德沃德走廊房地产倡议（Woodward Corridor Real Estate Initiative）就是一个典型的例子。在 2012 年年中，底特律市团队的一个高级项目专员发来一封电子邮件，谈及沿着伍德沃德街道走廊（Woodward Avenue corridor）的 20 多个新兴房地产项目展现出了让人难以置信的多样性。他论证道，如果我们想实现将密度、多样、活力和步行舒适性带到底特律市中心的目标，那么我们需要顺利完成上述的每一个项目。他建议，我们需要发起一个"筹资运动"（capital war chest），以便应付至关重要的融资不足问题。我们的回应是，创建一个"混合型基金结构"（hybrid fund structure），它既允许我们发挥一个强大中介组织的作用（用于贷款目的），同时还能继续利用我们最灵活的资本工具（拨款和担保）来进行战略部署和（或）支持我们的外部管理型债务资本（externally managed debt capital）。

三 三大挑战

然而，在克雷斯吉基金会，这些做法仍属于特例。想要更加创造性地使用资本工具，就必须成功地应对三大挑战。很多慈善机构也面临这三个挑战。

第一大挑战是，要具备跨部门工作的能力，尤其是涉及资金的时候。对社会变革进行投资，牵涉一个由公共和私人合作伙伴主导的更广阔的环境。这要求我们懂得慈善资本应该如何主动适应这个环境：如何联合其他参与者的行动来帮助撬动市场、行为和政策的变化。尽管每一个部门都会向我们的基金会提出不同的要求，但是它们也几乎肯定会对我们试图解决的问题提供一些措施。相应地，这也迫使我们深入了解私人和公共部门在财务、政策、决策和问责体系等方面的话语风格和特别需求，并相应地反思我们的专业发展战略，找到寻求业务技能和财务灵活之间的平衡点。简而言之，这迫使我们变成莱斯特·萨拉蒙在本书所称的"慈善银行"（philanthropic bank）。

第二大挑战是，要有能力打破不同项目领域之间的内部壁垒，使之像一个有机整体那样工作。

某一专题领域的战略必须和其他专题领域的战略密切配合，这已成为一个准则而非一种特例。例如，在新奥尔良市（New Orleans），我们的环境团队（Environment Team）对一些致力于修复墨西哥湾沿岸（Gulf Coast）生态的组织进行了投资，这呼应了我们的社区发展团队（Community Development Team）对第九区（Ninth Ward）社区参与战略的投资。

因此，基金会的社会投资实践如果被简单地视为项目团队的服务平台，那么将难以达到期望的结果。就像项目团队需要更加熟悉财务知识，社会投资部门也必须更深入地了解项目信息——它们不能只是财务办事员，对于财务办事员来说，首要职责是达成一个令人信服的交易，而非通过最有效地解决头号社会问题来强化项目战略。

第三大挑战是，消除项目工作人员和投资办公室之间的常见隔阂。

我们在克雷斯吉基金会的最初举措是，在投资团队和项目团队之间建立一个常态化的反馈机制。该做法依据的理念是，就算只是让双方相互知晓对方在忙什么，也会带来一些积极的改变。我们还循序渐进地涉入使命相关性投资（mission-related investing）——尝试从我们所有的资源和知识中识别出那些能对使命达成产生最直接贡献的资产。我们的职员和董事依然在公开争论，我们应该如何利用这些信息。但是，由于拥有这些信息，我们可以在数据的基础上规划我们的未来之路，并做出一些明智的抉择。

四 结论性的想法

克雷斯吉基金会在进军社会投资领域和采取全新工作方法的尝试尚

不能称得上模式——只是反映了我们的实际情况。在实践摸索中，我们经常遭遇一次又一次步履蹒跚、困难重重、令人恼火的艰苦跋涉。正因如此，这本专著及其姊妹篇才显得如此可贵，才值得我们资助：这两本书未能解决所有的难题，但是详尽地列举了它们，并难能可贵地概述了大量有助于解决这些棘手问题的新资源和新技能。

资助这两部著作是克雷斯吉基金会的荣幸，不过这也并非一项纯粹的大公无私之举。它们将帮助我们更加深远地影响我们正激情投身的事业，而且我们相信它们也将以同样的方式帮助我们的合作伙伴、同行乃至整个慈善部门。我将会多次重读这两部书。

瑞普·拉普森（Rip Rapson）

致　谢

　　古语有言："养育好一个孩子，需要举全村之力。"但凡作者都知道，这个道理同样适用于创作一本专著。而本书无疑就是这样一个典型的例子。为了完成此书及其姊妹篇，我欠了很多人情，在此表示衷心的感谢。感谢克雷斯吉基金会的主席瑞普·拉普森，他很早就认识到该书及其姊妹篇将填补一个空白，并提供了有益的支持和鼓励；感谢威廉·伯卡特（William Burck-art），他协助我组织该项目，招募作者，负责联络，以及处理大量项目所需的文件传送工作；感谢全球影响力投资网络（Global Impact Investing Network，GIIN）的卢瑟·拉金（Luther Ragin），他为我们的努力鼓劲加油，无私地抽出时间审阅该书姊妹篇的大部分章节，并提出了很多评论和建议；感谢项目咨询委员会（Pro-ject Advisory Committee）的各位成员（见附录一），他们在写作过程的诸多环节中给予了大量有益的评论和援助；感谢大卫·埃里克森（David Erickson）和他在旧金山联邦储备银行（Federal Reserve Bank of San Francisco）的同事，他们为我们的工作提供了会议场所等支持和鼓励；感谢比尔·迪特尔（Bill Dietel）和马里奥·莫里诺（Mario Morino），他们为本书的姊妹篇分别撰写了序和跋，向那些我们试图予以启迪的读

1

者对象介绍了这两本书；感谢本书姊妹篇的作者们（见附录二），这些异常周到而专注的专家投入了远远超乎他们预计的时间来回应我的评论和建议，事实上这些评论和建议相当烦琐，因为我试图统一全书章节的形式和让更多的潜在读者理解这个复杂的主题；感谢牛津大学出版社的社会科学策划编辑戴维·迈克布莱德（David McBride），他娴熟地让本书及其姊妹篇通过了出版社复杂的评审程序；感谢约翰·霍普金斯大学公民社会研究中心的切尔西·纽豪斯（Chelsea Newhouse），她耐心而专业地修改原稿，使之符合牛津大学出版社规定的格式；最后但也同样重要的是，感谢我的爱妻琳达（Lynda），她在一个难以饶恕的漫长时间里忍受着我因写作而产生的焦躁和专注，并给予了充分的理解和支持。

这些朋友和同事向我提供了大量的帮助，但我没能全盘接受，故而本书及其可能出现的所有谬误均由我本人负责，绝不推脱。

莱斯特 M. 萨拉蒙

马里兰州安那波利斯市

2013 年 9 月 21 日

目　录

图目录

表目录

框目录

第一章　导论：慈善和社会投资
前沿的革命

　　2011 年 9 月 28 日，一份专门为非洲小额信贷产业提供服务的时事通讯《非洲小额信贷》（*Microfinance Africa*）报道了一则关于国际社会帮助东非应对区域粮食短缺与价格暴涨问题的重要动态。一家横空出世的联合组织向东非的一批中小型农业企业输送了 2500 万美元，而这些企业的业务功能是帮助当地小农户增加粮食产量，挖掘市场机会。① 尽管美国国际开发署（US Agency for International Development，USAID）也有份参与，但是该联合组织并不属于我们通常印象中的那种基于政府资助的自上而下型发展项目。相反，美国国际开发署联合了三家基金会［英国的盖茨比慈善基金会（Gatsby Charitable Foundation）、美国的洛克菲勒基金会（Rockefeller Foundation）和盖茨基金会（Gates Foundation）］、一家美国大型投资企业［摩根大通集团的社会金融部门（J. P. Morgan Social Finance）］和一家总部位于乌干达首都坎帕拉、致力于对非洲小型农业企业进行私募股权投资的私人投资公司——珀尔资本合伙公司（Pearl Capital Partners）。[1]

　　然而，从发展援助、慈善和金融的当前状况来看，上述做法的最稀奇之处可能就是，它已变得司空见惯。其实，它就是学者们称之为"阴阳"协议（"yin-yang" deals）的一个例子。源于中国文化的"阴阳"协议是指，将看似对立的力量聚集在一起，并利用它们的交互作用创造出新的生命形式。[2] 在上面的案例中，美国国际开发署自己只投入了区区

―――――――――

　　① 除非另做说明，书中提及的金钱数量均以美元为单位。——原著注

1

150万美元，却成功地为东非的农业部门建设吸引到2500万美元的投资。国际开发署的150万美元来源于美国总统奥巴马设立的"哺育未来"倡议（Feed the Future），而且全部被用于向中小企业提供技术援助。2500万美元的投资基金则是这样筹措起来的：摩根大通集团的社会金融部门提供了一笔由国际开发署担保、总额800万美元的贷款；同时，三家基金会提供了1700万美元的股权投资（equity investments）。在该协议里，三家基金会扮演的角色更像"慈善银行"，而非传统的拨款型慈善机构。[3]

慈善和社会投资的前沿似乎正在经历一场意义深远的变革。

"阴阳"协议正逐渐变成一种新常态，致力于解决当今世界面临的重大社会、经济和环境问题。恰逢其时！由于政府和传统慈善事业的资源几乎没有获得增长，甚至正在不断减少，而贫困、健康不良和环境恶化等问题却日益严重，因此为社会和环境目标探索一些新的资助和实践模式已经成为迫切之需。

一大堆眼花缭乱的新工具和新机构已经涌现（用以资助社会目标行为）。

幸运的是，慈善的前沿似乎正在经历一场意义深远的变革，它至少对上述困境提供了一个并不全面的初步回应。这场变革的核心是，慈善和社会投资的工具迅猛增多，以及用于调动私人资源支持社会和环境目标的工具和机构急剧增长。以前，这种支持仅仅限于由私人直接给予或者通过慈善基金会和企业捐赠项目作出的慈善拨款和馈赠。现在，一大堆眼花缭乱的新工具和新机构已经涌现——贷款、贷款担保、私募股权投资、易货协议（barter arrangements）、社会证券交易、债券、二级市场、投资基金等。实际上，慈善的世界就像在经历一场宇宙大爆炸，不断地为自己的太阳系创造出恒星和行星。

即使匆匆一瞥当前全球慈善事业的前沿景观，也会发现大量陌生的名字和术语：巴西的圣保罗证券交易所（Bovespa）、加拿大的社会资本合伙公司（Social Capital Partners）、新加坡的影响力投资交易所（Impact

Investment Exchange）、美国的睿智基金（Acumen Fund）、草根资本（Root Capital）和新收益公司（New Profit）、英国的桥联风投公司（Bridges Ventures）、大社会资本（Big Society Capital）和国家科学技术艺术基金（NESTA）、瑞士的蓝色果园金融公司（Blue Orchard）、印度的阿维什卡国际公司（Aavishkaar International）①、迪拜的柳树影响力投资公司（Willow Tree Impact Investors）、卡尔弗特基金会（Calvert Foundation）、施瓦布慈善基金（Schwab Charitable Fund）、社区再投资基金（Community Reinvestment Fund）、社区发展金融机构、科技浓汤全球公司（TechSoup Global）、转制型基金会（conversion foundations）等（参见图1-1）。

图1-1　慈善世界的"大爆炸"

这类机构的大量繁殖反映了变革的四种重要趋势。换言之，当代慈善正朝着如下方向前进。

• 超越拨款（Beyond grants）：运用各种各样的新型金融工具达成社会性目标——贷款、贷款担保、股权投资、证券化（securitization）、固定收益工具以及最新的社会影响力债券。

• 超越基金会：大量新创的行动主体重构了传统的制度结构，而社会目标金融（social-purpose finance）借助这个新的制度结构得以顺利开

① 阿维什卡国际公司在新加坡注册，但在印度运营，因此本书作者有时候将之标注为新加坡的公司，有时则标注为印度的公司。——译者注

展——资本聚合机构（capital aggregators）、二级市场机构、社会证券交易所、社会企业中介（social enterprise brokers）、互联网门户网站（internet portals）等。

● 超越捐赠（Beyond bequests）：慈善或社会目标资金池的构建不再简单地依靠富人的赠予，还可以通过私有化公有（或准公有）资产或者设立专门的社会目标投资基金。

● 超越现金：利用易货协议和互联网力量来促进各种类型的捐赠行为，不再简单地限于金钱捐赠，还可以涵盖志愿者服务时间、计算机硬件和软件等援助形式。

> 杠杆是一种可以将有限能量转化为更强力量的机制。

这场变革的背后隐藏着一个常见的原理，用一个词准确地概括就是：杠杆（*leverage*）。杠杆是一种可以将有限能量转化为更强力量的机制。阿基米德曾说，给他一根杠杆和一个支点，他可以"撬动整个地球"。[4]在慈善的语境中，杠杆意味着，找到一条途径，除了依赖由基金会资产收入和个人年度捐款生成的有限慈善资源之外，还可以为了社会和环境目标而激活留存在银行、养老基金、保险公司、互惠基金（mutual funds）和高净值人群（high net worth individuals）账户中的一部分巨额投资资产。[5]

其结果是，开拓出了慈善和社会投资的新前沿。它与20世纪的慈善至少存在四个方面的不同之处：

● 更具多样性，即牵涉更加广泛的机构、工具和支持渠道。

● 更具创业精神，即除了"拨款"（资源的赠予）之外，还试图抓住任何机会来增强杠杆作用，例如确定一个投资方向，更加重视可测量的结果，产生混合了经济价值和社会价值的回报。

● 更具全球意识，即解决问题立足国际视野，实践模式具有跨国背景。

● 更具协作性，即合作对象不仅有广阔的公民社会部门，而且包括服务于"金字塔底层"人群（the "bottom of the pyramid"）的新兴社会风投机构，还包括大量的私人金融机构和政府部门。

在慈善和社会投资的前沿领域，一种新的范式正在兴起。

就像表1-1所展示的，在慈善和社会投资的前沿领域，一种新的范式正在兴起。传统慈善主要依赖个人、基金会和企业慈善项目，而慈善的新前沿吸引了各种各样的私人金融机构，包括银行、养老基金、保险公司、投资顾问、专业投资基金，以及具有慈善银行功能的基金会。传统慈善主要关注运营收入，而慈善的新前沿更加重视可以为长期发展提供资助的投资资本。传统慈善几乎将其援助全部输送给非营利组织，而慈善的新前沿还支持社会企业、合作社等各种混合型组织。传统慈善从公益的角度定义自己的工作，一门心思（或者至少是主要）谋求社会回报；而慈善新前沿的行动主体带来了投资的理念，兼顾社会回报和经济回报，通过建立一些自我维持的体系，以期找到解决问题的长久之计。传统慈善仅仅调动自身资源的一小部分，而慈善的新前沿则试图运用杠杆撬动潜藏在私人资本市场中的巨量资源。传统慈善往往满足于衡量产出（output），而慈善的新前沿更加强调对结果（outcome）的测量。

表1-1　慈善新前沿的范式

慈善＝"利用私人资源服务社会或环境目标"	
传统慈善	慈善的新前沿
基金会、个人	个人和机构投资者
运营收入	投资资本
拨款	多样化的金融工具/资本份额（capital tranches）
非营利组织	非营利组织＋社会企业
社会回报	社会＋经济回报
有限的杠杆	扩展的杠杆
产出导向	结果导向/测量

诚然，这些差别并非普遍适用。此外，全面的转变也远未到来。但是这些变化绝非微不足道。其实，就像图1-2反映的，一个复杂的社会目标金融生态系统（social-purpose finance ecosystem）正在形成，其致力于通过各种社会影响力投资组织、支持机构和新型拨款者将银行、养老

基金、保险公司、基金会和高净值人群的资金引导到不同类型的非营利组织、社会企业、社会合作社等相关组织，以实现扶贫济困、保护环境、改善卫生、增强公民社会组织和改善生活机遇等目标。

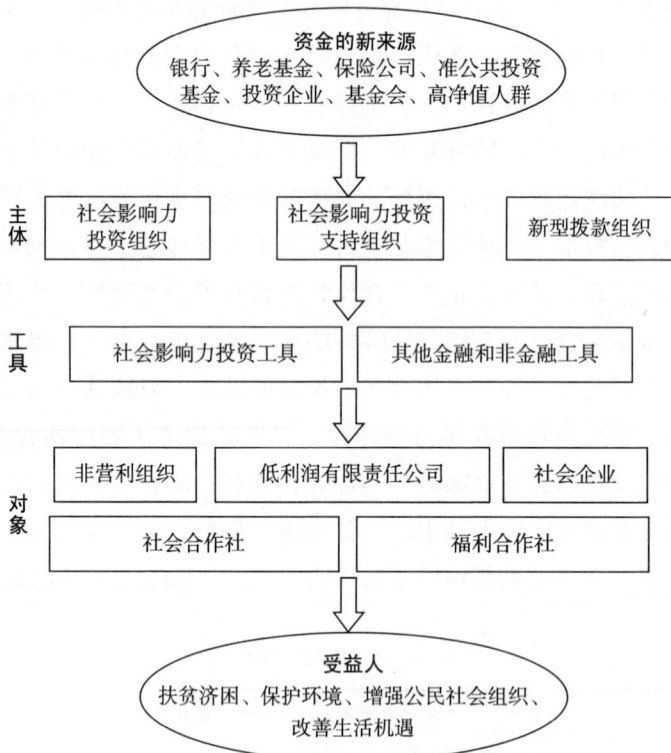

图 1-2 慈善新前沿的生态系统

小额信贷也许是"调动私人投资资本服务社会目标"现象的最早表现形式。目前，小额信贷已经发展成一个产值高达 650 亿美元的成熟产业，不仅拥有自己的行业协会、研究机构、"零售"网络、二级市场，还可以通过发行评级债券进入全球资本市场。而且这仅仅是开始：最新的估算表明，小额信贷的潜在市场价值超过 2500 亿美元。[6]

然而从更宽广的视角来看，小额信贷只是在慈善新前沿中迅速崛起的金融生态系统的一个组成部分。就像前文扼要介绍过的非洲农业资本基金（African Agricultural Capital Fund）一样，成百上千的投资基金出现在世界各地，寻求愿意冒险一试的投资者。

• 试举一例，注册于新加坡却运营在印度的阿维什卡国际公司在 2008

年为印度的一家小额信贷投资基金筹集到了 1800 万美元的启动资金。2009年 1 月，它又募集了 1400 多万美元，用于支持一些发展前景看好的印度中小微企业。这些获得支持的中小微企业均地处印度的农村或者城市郊区，从事农业、奶制品、医疗保健、教育、可再生能源等行业。[7]

● 草根企业基金（Grassroots Business Fund）是世界银行下属的国际金融公司（International Finance Corporation）的一个分支机构。它也类似地建立了一个总额为 850 万美元的稳健型资本组合，以投资和技术援助的方式支持印度、非洲和拉丁美洲的中小型企业向低收入人群提供服务。[8]

● 幽竹基金（Bamboo Finance）是一家总部位于瑞士的商业投资企业。它管理着 2.5 亿美元的投资资产，而这些资产广泛地分布于一大批致力于在亚非拉地区提供廉价住房（affordable housing）、医疗保健、教育、能源、生计、水和公共卫生等产品或服务的小企业。[9]

● 小企业投资基金（The Small Business Investment Funds）起初是国际发展组织 CARE 的一个分支机构。这家基金已经向 22 个新兴市场中的 338家中小企业投资了 3.78 亿美元。[10]实际上，根据本书姊妹篇第 2 章的作者丽莎·里克特（Lisa Richter）的研究，此类以社会和环境为导向的投资基金在全球可能已多达 3000 家，其管理的资产也可能高达 3000 亿美元。

　　　　一场诞生于"金字塔底层"的商业革命似乎正在席卷全球。

　　当然，为了做好工作，这些投资基金不仅需要找到投资者，还必须找到投资对象——前景看好的企业，无论是营利的还是非营利的，都在以一种能够同时创造经济收入和社会公益的方式服务于社会和环境目标。这样的企业不断地被发现。实际上，一场诞生于"金字塔底层"的商业革命似乎正在席卷全球。处于收入底层的人群占了世界人口的绝大多数，密歇根大学的 C. K. 普拉哈拉德（C. K. Prahalad）教授巧妙地将这部分人群称作"金字塔底层"。[11]善于创新的企业家们正千方百计地将这部分人群转变为太阳能电池板、手机、眼镜、可重复使用的卫生巾等基本日用品的热情消费者，与此同时，也让他们有机会成为工匠铺、小型农业企业和各种营销企业的经营者和工薪族。结果涌现出了很多这种类型的企业。例如，创立于 2001 年的农业公司 Agrícola Viñasol（AVSA）是秘鲁一家 NGO 的商业分支机构，旨在帮助小农户改良和销售他们的水果和蔬菜产品。又如，佳布尔地毯有限公司（Jaipur Rugs）和 10000 名印度的低收入纺织工进行合作，帮助她们改进生产方法、参加医疗保险和销售产品。再如，Zara 太阳能公司（Zara Solar）已使成千上万的坦桑尼亚低收入家庭抛弃高污染的煤油炉，而改用更加便宜和清洁的太阳能灶。[12]（表 1 - 2 展示了社会企业家已经涉足的领域范围）

表 1 - 2　睿智基金的投资（按照投资组合类型）

农业	卫生[a]
BASIX Krishi Samruddhi Limited（印度） GADCO Coöperatief（加纳） Global Easy Water Products（印度） Gulu Agricultural Development Company（乌干达） Jassar Farms（巴基斯坦） Juhudi Kilimo（肯尼亚） Micro Drip（巴基斯坦） National Rural Support Program（巴基斯坦） Microfinance Bank（巴基斯坦） Virtual City（肯尼亚） Western Seed（肯尼亚）	A to Z Textile Mills（坦桑尼亚） Botanical Extracts EPZ Limited（肯尼亚） Books of Hope（肯尼亚） Broad Reach（肯尼亚） Circ Med Tech（卢旺达） DART（肯尼亚） Drishtee（印度） First Micro Insurance Agency（巴基斯坦） Insta Products（肯尼亚） Life Spring（印度） Pagatech（尼日利亚） PVRI（印度） Sproxil（尼日利亚） UHEAL（肯尼亚） Vision Spring（印度） Voxiva（印度） Ziqitza Health Care Limited（印度）
教育	
Edubridge（印度） Hippocampus Learning Centres（印度）	
能源	
d. light design（印度） Husk Power Systems（印度） Orb Energy（印度）	
住房	水
Kashf Foundation（巴基斯坦） Jamii Bora（肯尼亚） Kashf Foundation（巴基斯坦） Kashf Holding Private Limited（巴基斯坦） Medeem（加纳） Saiban（巴基斯坦）	Ecotact（肯尼亚） GUARDIAN（印度） Pharmagen Healthcare Ltd.（巴基斯坦） Spring Health（印度） Water Health International（印度）

a 关于这些企业的介绍，参见 Carmody et al., 2011, 66。

资料来源：睿智基金的网站主页，访问日期为 2012 年 8 月 18 日，网址：http://acumen-fund. org。

眼下必须让更多的参与者和观察者了解这些概念。

虽然这些正在发生的变化具有深刻的启发性和极为重要的价值，但是它们依然处于零打碎敲的阶段，基本上没有形成任何完整的体系。单个实务工作者通常仅仅熟悉其中的一两个创新，不但无力纵观这些变化的完整图景，更谈不上将它们整合在一起，进行系统性的研究。甚至，用于描述这些变化的术语也在不断地变动。诸如"项目相关性投资"（Program-Related Investments，PRIs）、"使命投资"（mission investing）、"市场利率投资"（market-rate investments）之类的已有术语通常只适用于基金会。近年来，上述的这些术语已经在被"影响力投资"（impact investing）这个术语所取代。不过，"影响力投资"一词也仅是涵盖了这个新兴领域的一部分，而且其含义还存在相当明显的模糊性。[13]

此外，很多讨论这些变化的现存文献采取的是准"灰色材料"（gray material)① 的形式，只面向特定的读者提供数量有限的副本。没有多少文献材料有能力发挥如下作用：能够让更多读者接触到这些正在发生的变化；能够让非营利组织管理者、社会企业家、商业领袖、银行家、投资经理、企业社会责任专员和公共政策专家领略这个蔚为壮观的学术世界。想要利用慈善和社会投资的新前沿创造出其应有的影响力，就必须让更多的参与者和观察者了解这些理念。即使早期的创新者也已意识到这一点，其中两人最近评论道，"当下的挑战是将这种（影响力投资）视角从边缘变成主流"，而这将需要"新一代的宣传者"，他们能够"从具有远见卓识的实践中吸取经验教训，并将这些教训有效地传达给更广泛的受众"。[14]

一　本书的目标和安排

本专著与其姊妹篇（本专著相当于其姊妹篇的导论）的目标是，解决上文提到的挑战，为发生在慈善和社会投资领域的所有重要的新变化提供一份清晰易懂的指南，从而提升它们的知晓度，提高它们的可信度

---

①　除了传统商业或学术出版发行机构（如出版社、期刊）之外，很多组织也会印制和发布一些研究报告和调研材料。这些研究报告和调研材料通常被称为"灰色材料"或"灰色文献"（gray literature）。——译者注

和市场欢迎程度，并在认清它们所面临的限制和挑战的基础上最大化它们能够产生的收益。

本书第一次全面概述了正在深刻改变慈善和社会投资的新主体和新工具，导致它们产生的因素，以及促进它们进一步发展的措施。读完本书并觉有趣的读者们可以继续阅读本书的姊妹篇《慈善的新前沿》（*New Frontiers of Philanthropy*），这将帮助你们更加深入地理解新主体的功能和各种新工具的操作机制。[15]

但是，必须强调的是，在探索慈善的"新前沿"时，我们绝对无意贬低传统慈善将继续发挥的重要作用或者现有慈善机构将继续付出的巨大贡献。实际上，人们将日益清晰地认识到，新前沿的创建不仅离不开传统慈善行动主体奠定的基础，而且赋予了这些传统机构以重要的新角色。不少传统机构正在认识和扮演这个新角色。

　　　　三个分析性的区分……塑造了本书的结构。

为了理解这些变化，我们做了三个分析性的区分。这些区分塑造了本书及其姊妹篇的结构。

第一，本书严格区分了在慈善新前沿里崭露头角的行动主体（actors）和这些行动主体所使用的工具（tools）。做这样的区分，是出于如下理由：新"慈善空间"里的活动出现了爆炸式增长，而这个混乱的场面需要我们梳理清楚"谁正在做什么"。由于任一特定的行动主体都能够使用多种工具，因此这一区分对于掌握该领域的基本情况至关重要。

第二，我试图尽可能通过借鉴现有的资本市场分类方法，将种类繁多的现有行动主体和工具进一步划分为一系列易于处理的类别。一般而言，行动主体根据它们发挥的功能进行分类。因此，一些行动主体筹集用于支持社会目标行为的资金，另一些则提供二级市场或交易安排以帮助投资者进入或退出该领域，还有一些寻找潜力非凡的企业或者向这些企业提供专业的技术援助。当然，由于该领域尚处在发育阶段，因而其已达到的专业化程度仍然有限。这意味着，单一的行动主体可能扮演多种角色，或者运用多种工具（参见框1-1）。即便如此，如果不对被执行的基本功能（行动主体）和被使用的工具类型（工具）之间做出一些有意义的区分，就不可能真正理解该领域。

框 1-1 卡尔弗特基金会：一家多任务的社会影响力投资企业

卡尔弗特基金会（Calvert Foundation）成立于 1995 年，在社会影响力投资领域履行多种多样的功能，具体包括：

- 管理着将近 2 亿美元的社会影响力投资；
- 向社会投资者推销一款名为"社区投资票据"（Community Investment Note）的产品；
- 运营一家已注册的投资咨询服务公司；
- 创建了自己的"捐赠者指示型基金"（donoradvised fund），之后该基金被剥离出来，成为一个独立的实体。

资料来源：对莎丽·贝伦巴赫（Shari Berenbach）的个人访谈，2013 年 4 月 29 日。

假若不解决（它们面临的）重要的跨部门问题……或者没有认清传统慈善将要继续发挥的重要作用，那么对这些新行动主体和新工具的任何描述都将是不完整的。

第三，这些新行动主体和新工具的崛起已经遭遇到很多障碍，并引发了不少需要加以解决的跨部门问题。假如不解决这些重要的障碍和问题，以及这两者带给慈善新前沿的困境，那么对这些新行动主体和新工具的任何描述都将是不完整的。

更明确地说，本书致力完成四项基本任务：

- 第一，描述性任务——向读者介绍几类已经在慈善新前沿成形的主要行动主体和工具，并识别它们独特而新颖的特征。在本书后面章节，我将识别 11 种不同的新行动主体和 8 类主要的新工具。当然，我也意识到，其他研究者可能会采取截然不同的分类方式，而前沿的扩张也会带来其他类型的行动主体和工具。

- 第二，分析性任务——解释为什么行动主体和工具的蓬勃增长会发生在这个时间点，其后续发展的前景又会是什么样的。

- 第三，规范性任务——确认由这些发展带来的挑战和风险，以及迄今为止已经采取的应对策略。

• 第四，规定性任务——识别仍需采取的措施，这些措施既有助于实现这些发展所承诺的切实收益，又能够规避它们造成的风险。

> 本书致力完成四项基本任务：描述性任务、分析性任务、规范性任务、规定性任务。

为了完成这些任务，本书在导论之外安排了五章的内容。第二章考察了一系列非凡的新行动主体，它们正在向"慈善空间"移居。这些新行动主体包括资本聚合机构、二级市场机构、社会证券交易所、作为慈善银行的基金会、企业中介等。随后，第三章将探讨这些行动主体使用的各种工具。在企业和政府领域，这些工具中的大部分已经运用了几十年，但是在慈善和社会投资领域，它们刚刚获得认同。这些工具包括贷款、贷款担保、其他的信用增级手段（credit enhancements）、股权投资、债券、责任投资和采购（responsible investing and purchasing），以及证券化（securitization）。其他的工具则是真正的创新，比如"社会影响力债券"、奖励和众包（crowd sourcing）。

在第四章，我们关注为什么这些慈善新前沿会兴起以及为什么现在兴起的问题。为此，该章识别了一组"需求因素"和"供给因素"，似乎正是它们推动了这些发展。第五章将注意力集中到该领域面临的若干障碍和挑战。它们包括：现成投资协议（investment-ready deals）的可获得性存在限制；慈善新前沿对测量社会和环境影响力的承诺面临兑现的挑战；对社会和环境目标的主要支持力量由政府和慈善机构转移到私人投资，其可能造成的规范性和分配性后果令人担忧。第六章将讨论一些能够促进该领域发展、解决各种风险的必要措施。综合起来看，本书全面描述了活跃在慈善前沿领域的新主体和新工具——深化了该领域的知识基础，有助于宣传、讲授、培训和改进这种社会目标行动的新模式。

二　术语解释

不过，在进入正题之前，有必要先简要解释下一些术语。正如上文所述，本书论及的行动领域是一个术语的垃圾场，遍布着大量令人困惑或废弃不用的术语。就像一个该领域的早期探索者最近所说："2012 年我开始在这个行当里工作，那时我是一名项目相关性投资者（PRI maker）；然后我变成了一个社会投资者（social investor）；继而是一名使命投资者（mission investor）；而现在我成了一个影响力投资者（impact investor）；但是（我的工作）始终没有什么太大的变化。"[16] 在这种情况下，我们有责任弄清我们是如何使用特定的关键术语的，以及为什么这么使用。

（一）慈善的新前沿

顺理成章，我们将从用作书名的核心术语"慈善的新前沿"开始。无疑，该术语将招致一些批评。这些批评源于两个不同的理由。第一，一些人在"慈善"和社会目标"投资"之间划了一条泾渭分明的界线。他们将慈善定位为一个老式的术语，让人自然联想到的是施舍流浪孤儿的大善人，而非那些投资导向、绩效驱动的"慈善资本家"（philanthrocapitalists）和"影响力投资者"。[17] 第二，另一些人则质疑"新前沿"是否真的有那么新。别忘了，就像我们在第二章讨论基金会扮演"慈善银行"角色时所指出的，运用非拨款型援助达成社会目标的做法（这是新行动主体的关键特征）是本杰明·富兰克林（Benjamin Franklin）于 200 多年前开创的。富兰克林创设了一个向贫困工匠提供贷款的慈善项目。

> 我们是在最基本的含义上使用"慈善"这一术语：那就是，利用私人资源服务于社会或环境目标。

尽管如此，我依然确信，对本书及其姊妹篇的主题来说，"慈善的新前沿"是一个贴切的描述性术语。当然，这是与其他可能性选择相比较而言的。首先，本书研究的对象范围超出了以"影响力投资"著称的社会投资新方式。本书的研究对象扩展到了责任投资和采购、奖励、众筹，以及各种形式的捐赠和投资合作。可能更加关键的是，我们是在最基本和最宽泛的含义上使用"慈善"这一术语：那就是，利用私人资源服务于社会或环境目标。[18] 因此，定义慈善的关键所在不是资源分配的方式，而是控制资源流动的权力（比如，控制在私人手里）和资源分配指向的目标（比如，指向非常明显的社会或环境目标）。从这个意义上讲，本书聚焦的社会目标金融非常符合如此定义的慈善。

与此同时，虽然本书涵盖的不少现象对世界来说可能不是全新的，但是本书涉及的绝大部分现象对于社会和环境目标而言却是崭新的，或者说它们以前从未在这个领域如此大规模的出现过。试举例说明，一些像丧葬保险（burial insurance）之类的保险形式在很久之前就面向穷人出售。新颖之处在于，私人营利性保险公司推出小额保险产品，以穷人能够负担的价格满足他们对健康、农作物或疾病保险的需求。类似的，数十年前，非营利组织就开始开展能力建设。但是，传统的能力建设主要关注董事会建设、募款和会计制度；而社会目标能力建设的新前沿则致力于扩大前景看好的企业，建立能够创收的分支业务，以及开发各种形式的投资资本。最后，甚至像捐赠者指示型基金（donor-advised funds）这样比较新颖的慈善工具也已在美国存在了数十年。新意之处体现在如下做法的出现和快速推广：通过让管理着核心投资资产的营利性投资企业设立分支机构，企业发起型慈善基金（corporate-originated charitable funds）使捐赠企业获得了运营捐赠者指示型基金的机会。

所有这些发展均在过去的 20 年里达到了引人注目的规模，其中一些则是在最近 5 年里。然而，它们全都涉及动员和配置私人资源服务社会或环境目标，而这正是慈善的本质。

> 使用"慈善"这一术语……还有一个好处，那就是提醒我们，尽管这些行动……被期望生产某种（收益），但是其根本目标仍是"社会性的"，仍完全符合词典对该术语的定义。

但是，使用"慈善"这一术语来描绘这些发展，不仅在技术上是正确的，而且还有一个好处，那就是提醒我们，尽管这些行动涉及私人企业，并常常利用一些被期望生产某种经济回报的援助形式，但是其根本目标仍是"社会性的"，仍完全符合词典对该术语的定义，即"属于或者涉及下列情形：人类作为一个群体生活在一起，并处在一种彼此相处方式会影响共同福利的状况下"。[19]唯有坚持这一根本目标，我们才能避免如下的危险：就像这些发展的两个早期拥护者曾警告的，如果社会和环境影响力的定义变得"如此稀松"，或者我还可以加上"如此平淡"，"以至于几乎没有包含什么实质意义"，那么在慈善领域里开展所谓的慈善行动也"太容易"了。[20]

（二）社会影响力投资

基于同样的考虑，我们决定略微改动一下一个专门术语。在很多现有文献里，这个术语从很多方面来说都可以用来描述慈善新前沿的核心意涵——即利用私人投资资本服务于社会和环境目标。这个术语就是"影响力投资"。这个术语产生自洛克菲勒基金会在 2005 年前后召开的一系列会议。那时，洛克菲勒基金会正试图召集私人投资公司及其帮助指导的私人投资资本，去支持全球发达国家和发展中国家的新兴社会企业，而上述会议便属于这项工作的一部分。像"社会投资"、"项目相关性投资"、"使命相关性投资"或者"社会责任投资"之类的既有术语让人觉得过于柔和，其与基金会和慈善的关系过于紧密，其对精明的私人投资资本管理者来说过于宽泛或过于消极。此外，这些既有术语也被认为不适合用来称呼一种清晰的"资产类别"（asset class）。只有围绕一种清晰的资产类别，一批新的投资企业才可能被组织起来。

（影响力投资）这个术语本身几乎没有提供关于这种"积极影响力"（positive impact）应该包括什么内容的线索。

值得称许的是，"影响力投资"这个术语的发明者们提出了一个能够很好地服务该目标的聪明办法。问题是，这个办法可能服务得好过了头，结果恰好打开了一扇危险之门。《2009 年监测研究院报告》曾对这个危险发出过警告：把这个基本概念定义得"如此稀松"，会使它"包含不了什么实质意义"。尽管影响力投资的倡导者不断地强调影响力投资是"这样一种投资，其试图在经济回报之外创造积极影响力"，[21]但是该术语本身几乎没有提供关于这种"积极影响力"应该包括什么内容或其存在用什么标准来识别的线索。因此，该术语暗中把重点落在投资回报的理念，而非社会和环境收益的理念。

此领域的两位领导者最近出版了一本有关影响力投资的著作，却也没有为澄清上述问题提供多大帮助。在这本书里，我们学到"所有组织，营利性的或非营利性的，都在创造价值，这种价值由经济、社会和环境三部分组成。所有投资者，追求市场利率性质的或慈善性质的或兼具两种性质的，都在创造这三种形式的价值"。[22]事实上，最近一本关于该主题的著作甚至将"影响力投资"中的"影响力"一词定义为"经济、社会、文化、环境与（或）政治等条件的一种有意义的改变，而这种改变源于私人、社区与（或）整个社会的特定行为和行为变化"。[23]

然而，如果所有组织和所有投资者都在创造"积极影响力"，而且"影响力投资"中的"影响力"是由任何"有意义的改变"（无论其指向和内容）所组成的，那么我们该如何区分"影响力投资者"和普通投资者？这个问题的答案似乎一方面取决于"意向"（intention），尤其是投资对象的意向，另一方面取决于投资者对反映在正式影响力报告中的"混合价值回报"（the blended value returns）的关注。[24]但是，"意向"是非常难衡量的，而且就像《2009 年监测研究院报告》指出的，我们"有理由质疑"社会和环境影响力的测量体系，因为"现有的金融市场和激励机制引致了'漂绿'（greenwashing）①和标准淡化……资产经理只是设法回应顾客对影响力投资的与日俱增的兴趣，却不想真正承担起这份漫长而艰苦的可以确保投资产生影响力的工作"。[25]该领域已经开发出一大批影响力测量体系，其数量如此繁多，以至于变得像小学生比赛评奖一样可以确保每个小孩都能带着一张奖状回家。无怪乎一些怀疑者开始担心，"影响力投资"的定义正在变成"一盘大杂烩"（a dog's breakfast），[26]而另一些则坚持在该术语之前加上一个像"社区的"之类的形容词，以明确投资期望创造的影响力到底指什么。[27]

为了避免类似的模糊性，本书将依循在"影响力投资"前面增加形容词的做法。根据巴格－莱文（Bugg-Levine）和艾默生（Emerson）提出的"追求混合价值的影响力投资结合了企业的力量和慈善的目标"[28]的观点，我们认为，用于描述此现象的术语必须同等地对待这个等式的两边。因此，我们采用"社会和环境影响力投资"（social and environmental impact investing）或其简称"社会影响力投资"（social-impact investing），其目的是强调这些投资所创造的经济影响和社会（或环境）影响应该具有同等重要的地位。[29]

---

① 漂绿（greenwashing）是指一个组织口头上宣称保护环境，实际上却反其道而行。换言之，漂绿实质上是一种虚假的环保宣传。——译者注

一项投资能否被认定为正在服务某种社会目标，取决于它如何影响了三大关键要素中的任何一个。

（三）社会目标（Social Purpose）

如果我们计划将"社会的"一词加到"影响力投资"这个流行术语之前，那么我们很明显需要弄清楚"社会的"这个词的意义。故而，从根本上讲，本书将社会影响力投资视为一种明显试图创造"社会价值"的投资。换言之，这种投资致力于促进一个群体（尤其是该群体的弱势部分）的健康、福祉和生活质量；鼓励观点的自由表达；或者培养宽容的心态。即使如此，对什么才真正算得上"社会影响力投资"的问题依然会存在诸多分歧。例如，一些观察者认为，一项投资只要投放在一个弱势地区，无论其受益人是谁，就可算得上在服务某种社会目标；而另一些人则以为，"面向穷国的投资不一定就是影响力投资"。[30]

就我们的目的而言，一项投资能否被认定为正在服务某种社会目标，取决于它是否影响了三大关键要素中的任何一个：第一，其援助的人群，尤其是，这群体是否属于一个弱势群体；第二，其支持的生产过程，尤其是，这个过程是否可以雇佣和培训一个弱势或受排斥的群体，或者是否会减少生产对环境的破坏；第三，其生产的物品或服务，比如它们是否具有内在的环保效益。

（四）投资资本 vs. 运营收入

另一个极为重要的术语辨析任务是，区别资本和运营收入（operating revenue），无论是针对营利企业还是针对非营利组织。关于社会目标组织筹资的很多讨论，尤其是那些专门针对非营利组织的，往往关注的是运营收入。所谓运营收入是指，组织用于维持每年日常运作的收入。这部分的资金通常来源于私人和基金会的捐赠、政府拨款和合同，以及服务收费。[31]

从很多意义上讲，投资资本就是一个组织的生命线。

然而，从慈善新前沿的大多数行动主体手中流入社会目标组织的资源属于某种完全不同的类型。它们采用了"投资资本"的形式。这种形式的收入可能在不久之后会成为运营收入的重要组成部分，但从根本上说，它们倾向于通过购买诸如设备、工具、技能和战略计划之类的可以长期服务于组织的东西来构建组织的长期能力和能量（参见框1-2）。

框1-2 投资资本 vs. 运营收入

"运营收入使组织可以提供一些具体而明确的产出或结果，包括日常活动、常规服务和经常性项目。其来源主要有合同服务、拨款和捐赠。"

"投资资本为组织提供资金，以培养其达成社会使命的长期能力。"

资料来源：改编自英国大社会资本的有关定义，http://www.big-societycapital.com/what-social-investment。

投资资本也可能有着很多不同的来源和形式。其中一些甚至可能来自于捐赠，比如，一个富有的赞助人将一件艺术品捐献给了一家博物馆，或者捐款为一所大学修建一座建筑。但是，更为常见的投资资本一般采取以下两种形式：(a) 债务（*debt*），即贷款或债券发售收入（这是贷款的一种）；或者 (b) 股权（*equity*），购买一家组织的所有权或股权、股份。在这两种形式中，投资资本的提供者一般要求他们的投资能获得某些回报——在债务的形式中，要获得本金和利息；在股权的形式中，要拥有股份，并分享投资对象可能获得的所有收益或盈余的相应份额。

从很多意义上讲，投资资本就是一个组织的生命线，因为正是它铸就了组织的成长。然而，社会目标组织一直以来就难以获取投资资本。首先，如果它们是非营利组织，那么就不能接受股权投资。股权投资可能是最具吸引力的一种投资资本形式，因为它基本上是免费的。之所以说它是免费的，是因为股权投资者不一定会获得回报，除非这家企业赚到利润并支付股息，或者它的股价提高了。但是，非营利组织既被禁止向它们的投资者或所有者支付股息，也不能将股份出售给外部投资者。这使非营利组织难以获得股权投资，除非做出一些特殊安排。越来越多的人开始将附有特殊条款的股权投资称为准股权（*quasi-equity*）。其次，债券收入（*bond revenue*）通常也是社会目标组织难以涉及的，因为发行总额小于5000万美元的债券从经济上讲是不合算的，而这个门槛将除了大学、医院等大型社会目标组织之外的所有社会目标组织拒之门外。本书的姊妹篇《慈善的新前沿》将对此话题开展更加充分的讨论。最后只剩下贷款（loans）。但是，由于社会目标收入来源存在明显风险，社会目标组织经常必须为它们承担的债务付出额外的利率。约翰·霍普金斯大学非营利组织监听站项目（Johns Hopkins Nonprofit Listening Post Project）曾组织过一次针对美国的人类服务类、社区发展类和艺术类非营利组织的调查。这次调查发现，该领域80%～90%的调查对象表达了对投资资本的需求，它们希望运用这些投资资本来获得技术，购买或更新设备，或者开展新项目，但是只有不到40%的调查对象表示自己成功地获得了所需资本（参见图1-3）。[32]

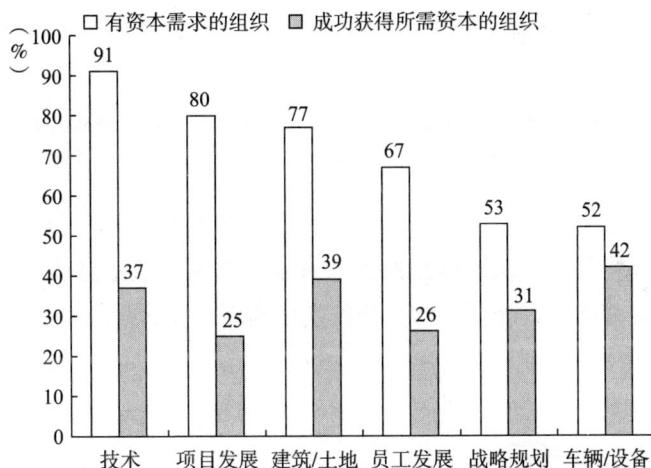

图1-3　2006年美国非营利组织的资本需求和获取资本的成功率

资料来源：Lester M. Salamon and Stephanie Geller, "Investment Capital: The New Challenge for American Nonprofits," *Communiqué No. 5* (Baltimore: Johns Hopkins Nonprofit Listening Post Project, 2006). http://ccss/jhu. edu. 转载已获许可。

此外，当被问到它们最近从不同来源获取投资资本方面的经历时，超过90%的组织表示，从美国主要的投资资本渠道（养老基金、保险公司、信用合作社和风险投资家）那里获取投资资本是相当或非常困难的，或者它们根本一点也不了解如何接近这些渠道，换言之，它们基本依赖商业银行和基金会（参见图1-4）。[33]

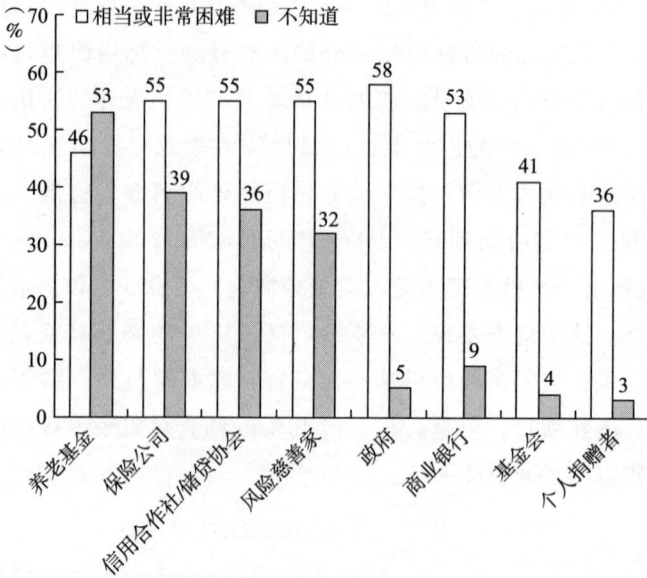

图 1 – 4 2006 年美国非营利组织从不同渠道获取投资资本的难度

资料来源：Salamon and Geller, "Investment Capital," 2006。转载已获许可。

本书及其姊妹篇关注的新发展有一个主要目标，那就是，通过为广大社会和环境目标组织开辟新的投资资本渠道来解决上述困境。理解了这一点，现在就可以转而考察这些新发展到底是什么。

第二章　探索慈善的新前沿 I：新主体

　　为了成功地穿越一片新领域，至少要拥有一张基本的地形图和懂得一些可以识别沿途各种野生动物的方法。不幸的是，慈善的新前沿至今仍然是一片未知的领域，长满了灌木丛，遍布着各种各样的陌生生物。本书及其姊妹篇的核心任务便是，为那些正在考虑进军该领域，但想在冒险之前更深入地了解它们即将遭遇的情况的人，提供一个条理比较清晰的指南。因此，如前所述，也如图 2-1 所示，我们发现，将慈善新前沿划分为两个主要区域（行动主体的区域和工具的区域）大有好处。行动主体的区域包括很多新机构，它们正在逐步占领我们所谓的慈善空间。尽管这些行动主体之间存在显著的差别，但我们还是有可能将它们进一步划分成一打左右的可识别的"部族"。类似的，工具的区域聚集着各种工具，而上述行动主体可以利用它们完成自己的工作。我们辨认出了8 种这样的工具，范围从贷款和信用增级到各种新型拨款方式。

　　　　不幸的是，慈善的新前沿至今仍然是一片未知的领域。

　　本章与下一章的目标是，对这些行动主体和工具做一个基本介绍。由于大部分该慈善新前沿的访问者最有可能首先碰到各种新行动主体，因此我们从新行动主体开始介绍起。耐人寻味的是，即使只是匆匆瞥一下该前沿领域，也会非常清楚这一点：这个前沿领域既非熙来攘往，也非杳无人烟。相反，它已经居住着一些卓尔不凡的生命体。

　　　　慈善的新前沿……已经居住着一些卓尔不凡的生命体。

如图 2 - 1 所示，这些生命体可以被分成三大类。第一类是指一些新型金融投资组织，负责在这个新兴的社会影响力投资市场里周转资本。其具体的形式有 5 种，每一种都有一个明显区别于传统慈善机构的名字：资本聚合机构、二级市场机构、社会证券交易所（social stock exchanges）、准公共投资基金（quasi-public investment funds）和一批发挥"慈善银行"作用的基金会。第二类是指那些为这些新型社会影响力金融组织提供各种支持的行动主体，具体包括"企业中介"（enterprise brokers）、新型"能力建设者"（capacity builders）和各种支持性的基础设施组织（infrastructure organization）。第三类是指这样一些行动主体，它们仍旧依赖拨款这一传统慈善工具，却在运用各种新颖的方法进行拨款。这类行动主体包括企业发起型慈善基金、转制型基金会（conversion foundations）、在线门户网站和在线交易平台（online portals and exchanges），以及资助联合体（funding collaboratives）。下文将更加详细地考察上述的每一种类型。

行动主体

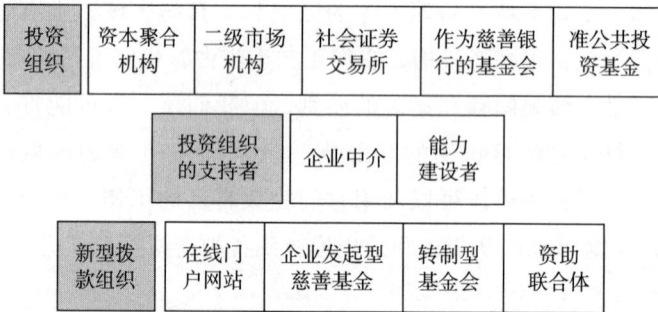

工具的类型

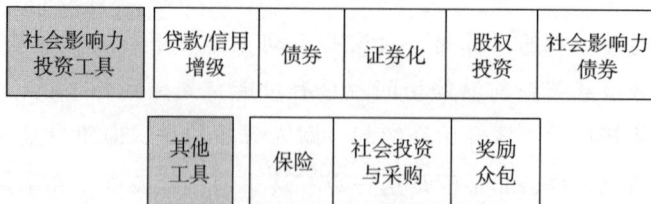

图 2 - 1　慈善新前沿里的行动主体和工具

一　社会影响力投资组织

既然慈善的新前沿特别强调撬动新的投资资本渠道来服务社会和环境目标，那么对新行动主体的概述最好是从那些负责开拓和引导这些投资资本渠道的新型金融实体开始。就如前文提及的，5种社会影响力投资组织尤其值得关注。

　　显而易见，在慈善前沿里，最重要的新行动主体之一就是……资本聚合机构。

（一）资本聚合机构

显而易见，在慈善的新前沿里，最重要的新行动主体之一就是社会影响力资本聚合机构。这些机构致力于为投资社会目标组织的行动筹集资本。此功能很有必要，因为只有高净值人群（high net worth individuals，HNWIs）有能力高效地利用自有资源进行直接投资。即便如此，直接投资也不是他们的唯一选择。故而，大部分有钱进行投资的人都会通过某些机构或基金进行间接的投资。这些机构或基金从不同的投资者身上筹集资金，并为他们寻觅一些合适的投资机会或者提供一个资本市场行为主体可以进行交易的市场。

虽然这类机构以投资企业、互惠基金（mutual funds）、债券和股权基金等形式广布于标准的资本市场，但是它们在社会目标投资领域一直处在缺乏或缺失的境况，而社会目标组织的资本需求通常只能通过政府、基金会、富人和商业银行得到满足。不过，这种情况在过去的40年里，特别是过去的10年里得到明显的改变。这种改变很大程度上得益于政府的鼓励和支持。

美国是该领域的早期创新者。20世纪60年代，美国创建了一大批由联邦政府资助的社区发展企业；20世纪60年代末期，州政府支持设立了一系列股权基金来推动贫困地区的就业岗位创造工作，该做法一直延续到20世纪七八十年代；[1]这一时期，很多支持性的联邦税收政策和其他类型政策陆续出台，致力于鼓励私人投资资本流入廉价住房建造和社区复兴领域。[2]在穆罕默德·尤努斯（Mohammad Yunnus）等人的努力下，小额信贷得以发明和普及；在 C. K. 普拉哈拉德（C. K. Prahalad）的推动下，"金字塔底层的利润"（profits at the bottom of the pyramid）日益获得认可；在前两者的共同促进下，关注社会目标投资的资本聚合机构急剧增加。

由于背景各不相同，社会目标资本聚合机构有着多种多样的形式和规模，吸收不同渠道来源的资本，包括高净值人群、基金会和主流金融机构。近年来，像养老基金、保险公司、全球金融服务企业（比如，摩根大通、美国银行、花旗银行和瑞士联合银行）之类的主流金融机构日益介入该领域。这些主流金融机构已经被"既赚钱又行善"（do good while doing well）的理念所深深吸引，并开始将所谓的影响力投资视为一种前途美好的新"资产类别"（asset class）。[3]

不仅这些实体筹集资金的渠道相当多样化，而且它们将资金注入投资对象的方式也多种多样。一些基金专注于贷款或其他形式的债务，而另一些基金则专门向处在不同发展阶段（从早期起步到具备可持续发展能力）的特定类型的创业企业提供各种形式的股权投资。

大部分资本聚合机构侧重一个特定的市场缝隙或区域。例如，安信永国际（ACCION International）主要关注第三世界国家的小额信贷机构。近年来，小额信贷领域发展迅猛，仅安信永国际的一个分支机构——墨西哥的康帕图银行（Banco Compartamos in Mexico）在 2007 年就通过首次公开募股（initial public offering）的方式筹集到了 4.67 亿美元。在安信永国际等组织的推动下，全球小额金融产业截至 2010 年已经超过 650 亿美元。[4]

美国有 1300 多家关注城乡衰败社区的社区发展金融机构（Community Development Finance Institutions），包括 600 多家社区发展信贷基金、80 多家风险投资基金、290 多家社区发展信用社和 350 多家社区发展银行。截至 2013 年底，这些机构运用各种投资工具管理着 500 亿美元的资产。这些投资工具包括社区发展金融机构自己的普通股票或优先股票、关联性存款、贷款担保（针对社区发展金融机构向特定类别借款人提供的贷款）、向社区发展金融机构提供的后偿贷款（subordinated loans）（目的在于改善社区发展金融机构的资产负债表，从而让它们有机会获得其他融资渠道）。[5]

社会影响力资本聚合机构在社会资本市场里扮演着中间人的角色。

　　然而，无论其投资焦点或范围是什么，所有社会影响力资本聚合机构在社会资本市场里都扮演着中间人的角色，即接触那些有意将其资本投到社会目标行动的投资者，然后将这些资金引导到有前途的社会目标企业。不过，鉴于不同的投资者有着不同的风险和回报需求，不同的资本聚合机构可以在社会资本市场的不同位置上进行运作。此外，它们也可以筹集资本"垛"（capital "stacks"）或"结构化的投资产品"（structured investment products）。就像本书封面①的插画一样，资本"垛"或"结构化的投资产品"将投资资本分成不同的层次或"份额"（tranches），每一个层次或"份额"均具有自身的风险回报特性，并对应特定类型的潜在投资者。

　　故而，该领域的观察者已经开始区分"影响力优先型"投资者和"经济回报优先型"投资者，前者在确保一个经济回报底线的前提下寻求最大化投资的社会或环境影响力，后者在满足一个社会或环境影响力阈值的条件下追求一个更高的、与风险相匹配的市场回报率。[6]对于不同类型的投资者来说，其经济回报和社会影响力"底线"存在明显的差异。比起经济回报优先型投资者，影响力优先型投资者可能对影响力底线的要求相对较高，而对经济回报底线的要求则相对较低。就像图2-2展示的，不同的投资者在社会影响力投资领域具有不同的"最佳平衡位置"。[7]因而，图2-2中的区域B和C可能适用于影响力优先型投资者，而区域A和C则适用于经济回报优先型投资者。

　　理所当然的，不同类型的社会影响力资本聚合机构将在不同的区域内开展业务。一般来说，非营利的社会影响力资本聚合机构倾向于利用影响力优先的定位来吸引投资者，尤其是个人或基金会。这类投资者所设定的经济回报底线比营利性投资者的要低，也愿意接受一个更高的风险回报率。在上文提及的结构化的投资产品中，这类投资者倍受珍视，因为他们将更愿意接受结构化的投资产品中的底层份额——第一损失拨款或担保（first-loss grant or guarantee），由此承受了大部分的风险，并将

---

　　①　此指英文原版封面。——译者注

利益导向的私人投资者吸引到了一些原本不会感兴趣的交易中。

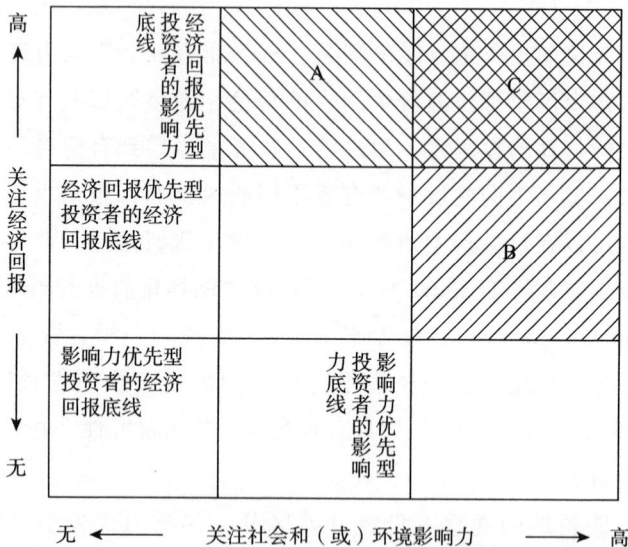

图 2 - 2　影响力优先型和经济回报优先型投资者的相对区域

A = 经济回报优先型投资者的区域

B = 影响力优先型投资者的区域

C = 经济回报优先型投资者和影响力优先型投资者的共同区域

资料来源：改编自 Jessica Freireich and Katherine Fulton, *Investing for Social and Environmental Impact*, Monitor Institute, 2009. http：//www. monitorinstitute. com/impactinvesting/documents/InvestingforSocialandEnvImpact_FullReport_004. pdf。转载已获许可。

这类非营利性社会目标资本聚合机构的典范是睿智基金（Acumen Fund）。这家非营利性资本聚合机构成立于 2001 年，并已建立一个稳健的投资组合。该投资组合在南亚、东非、西非的 8 个国家支持"那些有能力以低廉的价格向日收入少于 4 美元的人群提供基础服务（水、卫生、住房和能源）的企业"——这明显属于影响力优先目标。[8]这家组织追求成为"慈善资本"，即愿意接受低回报率或仅仅收回本金，但仍力图做出"严谨的投资，以期同时获得经济和社会回报"（参见框 2 - 1）。

营利性资本聚合机构更倾向于设立一个更高的经济回报标准，尽管也追求有意义的社会回报。例如，总部位于英国的桥联风投公司（Bridges Ventures）和总部位于迪拜的柳树影响力投资公司（Willow Impact Investors）就属于同时追求资本利润和社会影响力的资本聚合机构，它们采取一种私募股权的运作模式，从那些期望获得风险调整后市场回报

（risk-adjusted market return）的投资者身上筹集资金。[9]

　　过去10年里，社会影响力资本聚合机构在数量、规模和多样化方面均获得了迅猛的增长。

　　无论其战略、形式、目标或市场定位是什么，在过去10年里，社会影响力资本聚合机构在数量、规模和多样化方面均获得了迅猛的增长。反映这个情况的一个重要指标是，190家基金已经被全球影响力投资网络（Global Impact Investment Network，GIIN）创办的"影响力基地"（Impact Base）网站收录。全球影响力投资网络是一个由洛克菲勒基金会和几个合作伙伴共同组建的社会影响力投资者网络。除了已被收录的190家基金之外，该网站还吸引了730个经认证的投资者用户。[10]

框2-1　睿智基金的使命宣言：改变人类解决贫困问题的方式

　　我们的使命是，通过投资社会企业、新兴领导和突破性观念来创造一个没有贫困的世界。

　　我们的愿景是，有一天，每个人都可以获得他们所需的基本产品和服务——包括廉价的医疗、水、能源、农业投入和服务——如此他们就可以自主地进行决策和选择，可以尽情地释放他们所有的潜力。尊严起步于此——这并非是仅针对穷人而言，而且是针对地球上的每一个人而言。

　　挑战。由于技术与市场的力量和全球化的趋势，世界正在不断地创造出巨量的财富。然而，贫富差异日渐拉大。我们必须采取一些措施让全球经济的成果惠及大部分的世界人口，这些人口每天依靠不到4美元过日子。

　　为什么仅靠慈善并非良方？穷人寻找的是尊严，而非依赖。传统慈善通常授人以鱼来救急，而不会授人以渔，让他们有能力长期自救。在慈善资金不足的情况下，基于市场的方法（market-based approaches）有相当的发展潜力，而且这些方法必须成为贫困顽疾解决方案的一部分。

为什么仅靠市场亦非良方？超低收入人群往往被企业和社会所忽视。企业看不到显著的市场机会，而政府觉得低收入地区无力为净水、医疗、住房和能源等基本服务支付足够的税收收入。构建以低廉价格提供基本服务的新模式——必须面对高昂的成本、薄弱的分销体系、分散的顾客群体、有限的融资方案与间或发生的腐败——有赖于富有想象力的商业模式和伙伴关系。这些商业模式和伙伴关系需要获得一些愿意承担传统投资者不愿接受的风险回报比率的投资者的支持。

改变发展范式。我们相信，开拓进取的企业家最终会找到解决贫困问题的办法。睿智基金支持的企业家关注于以低廉的价格向每天依靠不到 4 美元过日子的人群提供基本服务——水、医疗、住房和能源。问题的关键在于耐心资本（patient capital）。我们运用慈善资金进行一些能够同时产生经济和社会回报的严谨投资——贷款或股权，而非拨款。任何我们获得的经济回报都会被重新用于新的投资。经过长期摸索，我们改进了睿智基金的投资模式，建立了一个在 4 个国家设有办公室的世界级全球团队，并懂得了在拓展为低收入人群服务的业务时哪些做法有效，哪些做法无效。

资料来源：Acumen Fund, "About Us", accessed August 12, 2012. http://www. acumenfund. org。

一般来说，正如上文提到的，丽莎·里克特在本书姊妹篇第二章中估计，在全球范围内，资本集合机构的数量可能到达 3000 家，其管理的资金高达 3000 亿美元。[11]此外，受托管理资金的增长率令人瞩目。比如，清洁能源领域的全球投资从 2004 年的 360 亿美元增长到 2008 年的 1550 亿美元，即使在遭遇金融危机的情况下，仍然能于 2009 年底维持在 1450 亿美元。[12]根据里克特的估算，在 2004～2008 年间，美国社区发展金融机构的投资年均复合增长率达到 10%，全球小额信贷投资达到 20%，全球清洁能源投资达到 30%～40%。

没有任何迹象表明，这种趋势在减弱。2009 年，摩根大通集团的社会金融部门发布了一份颇具影响力的报告，该报告估计，在未来 10 年里，仅在 5 个领域（住房、农村用水、孕产妇保健、基础教育和金融服务），社会影响力投资的全球需求便高达 4006 亿～10000 亿美元。[13]

> 资本聚合机构期望其社会影响力投资的回报率紧紧跟随一些坚持高绩效标准的股票和债务指数……而迄今为止也算得上实现了这个期望。

此外，现有社会影响力投资的绩效数据显示，投资者可能有动力来满足上述需求。比如，根据社区发展金融机构数据工程（CDFI Data Project）和小额信贷信息交流中心（Microfinance Information Exchange）产生的数据，里克特指出，美国社会发展金融机构的净亏损率在 2000～2008 年间低于 1%，到了 2009 年底暂时上升到 1.78%，但仍然低于普通美国银行（非社区发展金融机构类的、已获联邦担保的）2.49% 的抵押坏账率（"charge-off" rate）。小额信贷机构的净贷款亏损率也低于 1%。总体而言，现有证据表明，资本聚合机构期望其社会影响力投资（包括债券和股权）的回报率紧紧跟随一些坚持高绩效标准的股票和债务指数，例如，标准普尔 500 指数（S&P 500）、罗素 2000 成长指数（Russell 2000 Growth）、太平洋总回报指数（PIMCO Total Return）和摩根大通新兴市场债券指数（J. P. Morgan Emerging Markets Bond），而迄今为止也算得上实现了这个期望。[14]

> 二级市场运营机构也在社会目标领域不断涌现。

（二）二级市场机构

资本聚合机构是一种已经出现在慈善新前沿的重要金融行动主体，但绝非唯一主体。另一种重要的金融行动主体是社会影响力二级市场机构。这些二级市场机构的功能是，购买由资本聚合机构发放的贷款债权，让资本聚合机构重新获得资金来发放更多的贷款。为了实现这个功能，二级市场机构通过一种名为"证券化"的程序首先将这些贷款债权进行打包，然后将它们作为在资本市场发行债券的抵押品（collateral）。[15]

在普通资本市场，尤其是住房领域，二级市场机构已存在了很长时间。熟悉美国资本市场的读者会联想到联邦国民抵押贷款协会（Federal National Mortgage Association）所发挥的功能。联邦国民抵押贷款协会被昵称为"房利美"（Fannie Mae），它在成立之初是一家政府公司（government corporation），其职责是，从商业银行与储蓄和信贷机构那里购买由联邦政府担保的住房抵押贷款。

但是，类似机构没有在社会影响力投资领域出现，直到20世纪80年代末美国社区再投资基金（Community Reinvestment Fund，CRF）正式成立。社区再投资基金的目的在于，支持日益增长的低收入住房和社区发展市场。就像大卫·埃里克森（David Erickson）在本书姊妹篇第3章里详述的那样，社区再投资基金起初不得不通过发行社区发展私募债券来筹集资金。[16]然而，到了2004年，社区再投资基金终于得以发行一种由准官方评级机构"标准普尔"（Standard and Poor's）评级的债券。标准普尔帮助社区再投资基金吸引到8家新的机构投资者。这8家机构投资者原本是无法投资社区再投资基金的债券的，因为投资准则禁止它们投资未评级的证券。截至目前，社区再投资基金已经从150多家信贷机构获得了超过14亿美元的社区发展贷款。这些信贷机构遍布全美50个州中的46个。[17]

通过展示证券化和二级市场购买（secondary market purchases）吸引新鲜资本进入社会影响力市场的力量，社区再投资基金促成其他二级市场机构在不同社会影响力领域兴起。对一些二级市场机构（如社区再投资基金）来说，二级市场业务是它们的唯一职能；而对另一些二级市场机构而言，二级市场行为只是其稳健贷款发放行为的一部分。国际仁人家园（Habitat for Humanity International，HFHI）便是后一类机构的典型代表。这家闻名遐迩的国际非营利组织致力于动员志愿者帮助低收入家庭自建家园。为了帮助新业主筹集到购买建筑材料和设备的费用，国际仁人家园的各个分支机构已经向他们发放了大概14亿美元的抵押贷款。为了让这些分支机构继续推动建造活动，国际仁人家园开发出了一项名为"灵活资金存取项目"（Flex-Cap Program）的二级市场操作方式，即先通过向投资者销售一些由抵押贷款支持的7年期或10年期证券来获得资金，接着再用这笔资金向分支机构购买一部分的抵押贷款，然后运用业主支付的本金和利息来付清这些证券。该项目的偿还率达到100%，并已让国际仁人家园筹集到 1.07 亿美元。[18]

这类的例子还有很多。公益伙伴组织（Partners for the Common Good，PCG）成立于 1989 年，是一家致力于服务天主教机构的社区发展金融机构。它最近筹集了 2530 万美元来向自己的分支机构购买住房抵押贷款。瑞士的一家小额信贷投资基金——蓝色果园金融公司也筹集了近 2 亿美元，用于向全球 21 家小额信贷投资组织购买小额信贷。BRAC 是一家孟加拉国的大型非营利发展组织，它最近也采取类似方法筹集到 1.8 亿美元，用以向自己的分支机构购买小额信贷。[19]

社会证券交易所是第三类正在慈善新前沿中成形的组织。

（三）社会证券交易所

正在慈善新前沿中成形的第三类组织将证券交易的理念引入社会和环境影响力投资领域。社会证券交易所提供了一条更有效率的途径将社会影响力投资者与正在寻求资金的社会企业连接起来。社会影响力资本聚合机构和二级市场运营机构首先千方百计地搜寻到一些有着共同的社会影响力/风险回报偏好的投资者，然后将自己的投资产品推销给它们。与之不同，社会证券交易所只是简单地提供一个平台，而这个平台可以让分散的投资者寻找到自己感兴趣的社会投资。此外，交易所还必然要向这些投资者保证，它们可以随时退出投资，一旦觉得这样做是必要的或可取的。当然，就像沙赫纳兹（Shahnaz）、克雷比尔（Kraybill）和萨拉蒙在本书姊妹篇第 4 章指出的，要想社会证券交易顺利运行，交易所必须制定出上市规则（listing rules）、上市企业的标准化信息披露义务和有效、准确而可防诈骗的交易机制。[20]

将这套机制运用到社会影响力领域的最早尝试之一发生在环境领域。由于预测"碳排放配额"（carbon emission credits）的"总量管制与交易"（cap and trade）许可体系将获美国国会立法通过，芝加哥气候交易所（Chicago Climate Exchange）在 2003 年被创建起来。该交易所允许那些能够轻松完成减排额度的公司获得可交易的碳排放配额，并可以通过交易所将之卖给那些难以完成减排额度的公司。

尽管 2010 年"总量管制与交易"立法未获美国国会通过，并造成芝加哥气候交易所的倒退，但是 2005 年开始生效的《京都议定书》（Kyoto Protocol）让美国（没有签署该议定书）之外的其他碳排放交易所逐渐发展起来，并超越了芝加哥气候交易所。例如，欧洲气候交易所（European Climate Exchange）的规模世界最大，其交易量从 2005 年的 9400 万吨二氧化碳当量增长到 2010 年的 53 亿吨二氧化碳当量。在全球范围内，实际运营的这类交易所一共有 10 家，而欧洲气候交易所只是其中之一。根据世界银行的数据，截至 2010 年，碳交易总额达到 1420 亿美元，尽管全球经济放缓再加上欧洲过度慷慨地提供免费配额，或多或少导致交易量临时有所回调。[21]

2003 年，首个气候领域之外的社会投资"交易所"诞生于巴西。那一年，巴西成立了社会与环境投资交易所（Bolsa de Valorous Socioambientais，BVSA）。不过，该交易所更像一个网络捐赠平台，而非一个实实在在的投资载体。BVSA 根据联合国千年发展目标（UN Millennium Development Goals）的要求来筛选项目，但是"投资"这些项目的捐赠者只能获得社会回报，而没有经济回报。[22]

更有抱负、更规范化的私募市场已经出现，比如，美国的使命市场（Mission Markets）、新加坡的影响力合作伙伴（Impact Partners）和印度的 Artha。但是，有几个完全成熟的社会证券交易所更加雄心勃勃，它们散布于世界各地，即将开张营业，比如，英国的社会证券交易所有限公司（Social Stock Exchange Ltd，SSE）、毛里求斯的影响力交易所（Impact Exchange，IX）和新加坡的影响力投资交易所（Impact Investment Exchange，IIX）。就目前情况而言，毛里求斯的影响力交易所可能发展得最为成熟。该交易所关于社会和环境影响力目标企业与社会影响力投资基金的上市和交易规则，已经正式获得毛里求斯证券交易所（Stock Exchange of Mauritius，SEM）的监管批准。这类上市和交易行为必须在毛里求斯证券交易所的框架内进行，并接受它的一个独立委员会的监管。而且，毛里求斯影响力交易所现已联合新加坡影响力投资交易所，与毛里求斯证券交易所一起工作，在 2013 年底成功开张营业。

公共部门组织也加入创建专业化的社会影响力投资项目的行列。

（四）准公共投资基金（Quasi-public Investment Funds）

公共部门组织也加入创建专业化的社会影响力资本投资项目和机构的行列。其中表现最好的应属于一些跨国开发银行，如世界银行和美洲开发银行（Inter-American Development Bank）。不像之前描述的资本聚合机构，这类机构关注的是，汇聚公共部门的资源来服务社会影响力目标。

举例来说，国际金融公司（International Finance Corporation，IFC）是世界银行的一个附属机构，致力于促进发展中国家的民营企业发展。这家公司最近将一项社会影响力投资的倡议加入它的投资组合中。仅举一个具体的例子，国际金融公司已经向发展中国家的 63 个私立学校项目注入 4.81 亿美元。这些私立学校项目的目标是，运用低成本的私立学校教育来补充资源严重紧缺的公立学校系统。比如，在肯尼亚，23 家私立学校获得的平均贷款金额是 30 万美元，而另外 113 家私立学校也得到了咨询支持。[23]

美洲开发银行也类似地建立了多边投资基金（Multilateral Investment Fund，MIF），并通过该基金积极地参与社会影响力投资。例如，该基金最近向墨西哥的 IGNIA 基金（Mexico's IGNIA Fund）提供了 2500 万美元的贷款和 500 万美元的股权融资。此次投资帮助撬动了 1.02 亿美元的投资资金进入那些服务金字塔底层人群的中小型企业。[24]

跨国开发银行并不是唯一在推动社会影响力投资的公共部门实体。在引导公共或准公共资源投入社会影响力投资活动方面，英国政府一直充满积极性和创造力。比如，英国政府利用彩票收益创建了一家名为 NESTA① 的"社会创新基金会"。又如，英国政府还汲取由长期休眠银行账户和无人认领（unclaimed）银行账户产生的收益，并利用这些收益向一个名为"大社会资本"的大型准公共社会影响力投资基金注入种子资金，直至其资产规模到达 4 亿英镑或 6 亿美元。[25]

> 一些慈善基金会已经开始发挥"慈善银行"的作用……开发它们的核心投资资产，摆脱它们对拨款这一工具的传统依赖。

---

① NESTA 的全称为"National Endowment for Science, Technology and the Arts"（国家科学技术艺术基金）。——译者注

（五）作为"慈善银行"的基金会

最后，一些慈善基金会不再像传统基金会一样依赖拨款作为主要或唯一的资金援助形式，而是开始发挥类似"慈善银行"或社会投资基金的作用。其中一些基金会只是简单地将环境、社会和企业治理（ESG）的筛选标准纳入它们的常规投资决策程序之中。但是，其他一些基金会正尝试运用这种投资的筛选标准来推动自己更加积极地参与社会影响力投资市场。[26]这意味着，要摆脱对拨款这一工具的传统依赖和运用一组范围广泛的金融工具——例如贷款、贷款担保、股权投资、债券和债券担保。此外，这还意味着，不仅要有效利用它们的拨款预算，而且要大力开发它们的核心投资资产。因而，这也将意味着，要挑战基金会将两类主要"业务"相互隔离的传统：它们的"投资业务"一直被期望聚焦于最大化投资收益，以便支持基金会的慈善活动；它们的"拨款业务"一向被期待专注于以慈善拨款的形式来配置一部分的投资收益。[27]

一大批基金会开始朝着"慈善银行"的方向发展，既包括KL·菲利西塔斯基金会（KL Felicitas Foundation）、巴高克基金会（Babcock Foundation）、华莱士全球基金（Wallace Global Fund）和美国教育基金会（Educational Foundation of America）等中型机构，也包括安妮·E. 凯西基金会（Annie E. Casey Foundation）、凯洛格基金会（Kellogg Foundation）、克雷斯吉基金会和罗伯特·伍德·约翰逊基金会（Robert Wood Johnson Foundation）等全国最大的基金会。举例来说，就像萨拉蒙和伯卡特（Burckart）在本书姊妹篇第五章所详述的，由互联网企业家查理·克莱斯奈（Charly Kleissner）及其夫人创立的KL·菲利西塔斯基金会已经将78%的核心资产用于社会影响力投资。[28]纽约的F. B. 赫伦基金会（F. B. Heron Foundation）是本领域的先驱，它已把42%的核心资产用于社会影响力投资。这并非是一种美国独有的现象。英国的艾斯米·费尔贝恩基金会（Esmee Fairbarn Foundation）和意大利的CRT基金会（Fondazione CRT）也已加入这一行列，后者建立了一个独立的子公司"发展与增长基金"（Fondazione Sviluppo e Crescita），来绕开意大利法律对于基金会以这种杠杆化方式利用自身资产去支持营利企业的限制。[29]

当然，这些基金会采取新的融资方式，并非是一种全新的做法。1969年美国税法规定了基金会的"支出"（payout）要求，也明确了基金会可以通过所谓的"项目相关性投资"来利用一系列金融工具。无论如何，项目相关性投资被视为基金会执行5%法定支出的一种形式。此外，由于针对该工具的行政限制和基金会财务管理的保守主义倾向，从事项目相关性投资的基金会的数量在2004年冲到了133家的峰值，又在2007年（美国金融危机的前一年）回落到120家。而同期，美国基金会的总数量超过7.5万家。另外，虽然这些从事项目相关性投资的基金会通常都属于比较大型的机构，但是用于项目相关性投资的基金会资产一直没有超过基金会总资产的1%。[30]

这种新型的"作为慈善银行的基金会"致力于将项目相关性投资的概念提升到一个全新水平，以此达到重新构想这个领域的目的。所谓提升到一个全新水平就是，撞破阻隔于项目方与投资方之间的"长城"，利用更加广泛的金融工具，以及自觉地通过利用项目相关性投资资金促进私人投资资金流入社会目标行动的方式来扩大项目相关性投资的杠杆效应。

为了帮助资本聚合机构，多种类型的服务提供者也已在最近出现。

二　社会影响力投资支持组织

为了帮助那些已经诞生于这个新兴社会影响力资本市场的资本聚合机构、二级市场机构、作为慈善银行的基金会和准公共投资基金，各种类型的服务提供者也在最近出现了。其中有三类服务提供者尤其值得关注：企业中介、可持续发展能力建设者、新型基础设施组织。

（一）企业中介（Enterprise Brokers）

在这些为社会影响力金融组织提供服务的支持机构里，最重要的一类可能就是所谓的"企业中介"。企业中介是指一些发挥关键中间人作用的个人或机构，它们一方面帮助资本聚合机构识别出那些有潜力提供经济和社会回报的理想组合的企业，另一方面帮助这些企业找到一些与其行动和需求具有一致经济利益的投资者。

就像黑格曼（Hagerman）和伍德（Wood）在本书姊妹篇第6章所论

述的，对这种中介作用的需求源于一些高额的交易成本。在这个高度碎片化的社会影响力投资市场里，投资者和社会企业家往往需要花费高昂的成本来搜寻与自己业务领域、投资形式、风险回报组合相一致的合作伙伴。[31]对这种中介作用的需求还源于，在社会影响力领域进行风险评估会遭遇一些特殊的困难。原因是，相对未经市场检验的社会企业家向金字塔底层的消费者（他们的市场行为尚未获得充分研究）推销新产品具有很多不确定性。

新型能力建设者已经出现，它们关注的是可持续性和规模化。

（二）能力建设者

随着社会企业和社会影响力投资的增长，社会企业能力建设者的作用得以扩展，并呈现出新的形式。就如之前提及的，能力建设者和技术援助提供者已在非营利或社会目标组织领域活跃了几十年。事实上，美国的非营利组织能力建设者拥有一个基础设施组织——非营利组织管理联盟（Alliance for Nonprofit Management）、一个提供董事会管理建议的专门组织——董事会资源（BoardSource），以及一个由基金会支持者组成的亲密团体——有效组织的拨款者（Grantmakers for Effective Organizations，GEO）。

然而，从总体上来看，这些既存的组织和咨询顾问主要关注一般性的组织管理主题，比如，筹款、特殊活动、董事会发展、会计制度和人力资源政策。与之不同，"新型能力建设者"具有一个迥然不同的关注点。它们的目标是组织的可持续性和规模化（scaling）。它们帮助组织开发创收战略（earned-income strategies），获取非拨款形式的新资金，以及测量社会成果。[32]

这些新型能力建设者可以分成两大类，尽管它们之间存在广泛的互动。第一类，能力建设者从《哈佛商业评论》1997 年的一篇著名文章中汲取了灵感。这篇文章激励基金会像风险投资家一样采取更加积极的行动，来改善受资助组织的管理和运营。[33]这催生了"公益创投"（Venture Philanthropy）领域的诞生。"公益创投"领域聚集着这样一批的组织，它们既提供资金资助，也提供高强度、"深参与"的技术援助和组织发展能力培训。这些技术援助和组织发展能力培训要么由这些组织自已提供，要么雇用外部的咨询机构替它们提供。其中一些组织属于传统基金会，比如，爱德纳·麦康诺·克拉克基金会（Edna McConnell Clark Foundation）已经决定，采用下述战略来实现其帮助低收入青年自食其力的使命：集中巨额拨款资金投到少数几个有潜力的组织，同时向这些获得拨款的组织提供大量的能力建设援助来确保它们的长期可持续发展（参见框2－2）。[34]

框2－2　爱德纳·麦康诺·克拉克基金会：我们如何工作

我们相信，一种满足青年迫切需求的有效办法是，对那些发展潜力看好、项目成效显著的非营利组织进行大量而长期的投资。我们的资金主要用于支持这些机构的业务规划、能力建设和项目评估，以使它们能够在保持项目质量的同时扩大规模，从而影响更多青年的人生之路，并最终让自己的组织、项目和财务变得具有可持续性。我们的目标是，帮助越来越多的组织获得成长，这些组织每年都在运用一些确证有效的项目去服务成千上万的青年人。

资料来源："How We Work," Edna McConnell Clark Foundation, accessed May 11, 2013, http://www.emcf.org/how-we-work/。

"公益创投"领域中的另一些组织属于常规的公益慈善组织，它们通过其他手段筹集资金，但同样运用这些资金向特定的社会企业综合提供能力建设援助和资金资助。这样的组织包括新收益（New Profit）公司、罗伯茨企业发展基金（Roberts Enterprise Development Fund, REDF）、社会企业合作伙伴（Social Venture Partners, SVP）和公益创投合作伙伴（Venture Philanthropy Partners, VPP）。例如，成立于1998年的新收益公司目前拥有47名雇员，它已经从近50个私人慈善家和家族慈善机构筹集到大量资金，并运用这些资金向27家前途看好的社会企业提供深度的技术和财务援助。而这些社会企业又为全美140万人提供了服务。[35]

第二类，可持续能力建设者属于典型的咨询机构，它们不提供资金援助，只提供与促进组织可持续性发展有关的专门服务。其中一些咨询机构受雇于公益创投组织，提供后者所需的技术援助；而另一些则直接受雇于一些想要创收的新兴社会企业或传统非营利组织。这样的咨询机构有：布利吉斯潘集团（Bridgespan Group），这是一家专门的社会目标咨询公司，脱胎于营利性的贝恩咨询公司（Bain Consulting）；社区财富风投公司（Community Wealth Ventures），这是反饥饿组织"群策群力"（Share Our Strength）的一家附属机构，专注于帮助组织开发创收战略；非营利财务基金（Nonprofit Finance Fund），它致力于帮助组织管理它们的资产负债表。

从总体上看，公益创投和社会企业的能力建设者最初诞生于美国，但是现在它们已经扩张到世界上的很多地方。例如，欧洲公益创投协会（European Venture Philanthropy Association，EVPA）已经吸收了127名个人或组织会员。这些会员具有5个共同的关键特征：它们拥有可用于投资的资金；它们专注于向非营利性或营利性的社会目标组织提供长期的资金资助；它们主要寻求社会回报，而非经济回报；它们在提升其支持组织的"核心发展能力"上发挥积极作用。[36]（框2-3列出了欧洲公益创投协会会员所遵循的"公益创投"原则。）

框2-3　欧洲公益创投的7个关键特征

1. **高参与**——公益创投家（venture philanthropists）亲自参与社会企业或非营利组织的管理。

2. **组织能力建设**——通过资助核心运营成本而非个别项目来培养投资组织的运营能力。

3. **多年度支持**——向有限数量的组织提供3~5年的支持，在被支持组织具备可持续的财务或运营能力时退出。

4. **非财务支持**——提供诸如战略规划之类的增值服务来强化管理。

5. **纳入网络**——帮助投资对象进入一些网络，让其接触到各种通常具有互补性的技能和资源。

6. **量身定制的融资**——根据被支持组织的需求采取相应的融资机制。

7. **绩效测量**——重视良好的业务规划、可测量的结果、明确的节点任务与可问责和透明化的财务。

资料来源：European Venture Philanthropy Association. http://www. evpa. eu. com。

在新兴社会企业和社会影响力投资领域中进行能力建设的另一种模式是由一家名为"枢纽"（The Hub）的组织创建的。2005 年成立于伦敦的"枢纽"是一个由 4000 名有志社会企业家组成的网络，这些社会企业家会员分布于全球 31 个分会，不仅聚会分享经验、人脉与理念，而且共享工作空间（在里面孕育早期的创业构思）。各个"枢纽"分会可以自由地制定自己的能力建设方案。例如，"枢纽"约翰内斯堡分会（Hub Johannesbury）运营一个"枢纽"业务诊所（Hub Business Clinic），该诊所可以为社会企业家提供为期两个月的技能培训；"枢纽"旧金山湾区分会（Hub Bay Area）最近启动了"枢纽"创投项目（Hub Ventures），这个设计精巧的项目首先通过导师辅导（mentorship）、专题讨论等技术援助手段，来帮助一组精心挑选出来的企业家发展他们的创业理念，然后向那些创业理念最具潜力的企业家奖励 7.5 万美元的种子资金。[37]

一大批社会影响力基础设施组织也已出现。

（三） 基础设施组织 （Infrastructure Organizations）

除了上述的实体（它们都在尝试运用新的方式向社会影响力投资者、社会企业家或主流非营利组织提供"零售式"援助和支持）之外，一大批社会影响力基础设施组织也已出现，它们从更为宏观或"批发"的层面支持这些运营实体。在慈善新前沿里，这些基础设施组织发挥着很多关键性作用：让该领域的行动主体相互联络；推广和宣传该领域，并由此吸引新人进来，获得外部支持；使该领域的实践获得合法性，并极力加强这种实践。

社会影响力投资领域已经为这类基础设施组织的发展提供了最肥沃的土壤：各种实体不断涌现，它们的服务几乎覆盖了这个高速发展领域的每一个板块和每一个角落。例如，创立于 1985 年的机会金融网络（Opportunity Finance Network）属于最早的一批基础设施组织，其目标是支持美国社区发展金融机构去帮助"收入低、财富少的弱势群体和衰败社区汇入经济发展的主流"。[38]现在，美国社区发展金融机构也已成立了社区发展风险资本联盟（Community Development Venture Capital Alliance）和全国社区发展信用社联合会（National Federation of Community Development Credit Unions）。类似的，"可持续发展的投资者"成立了阿斯彭发展企业家网络（Aspen Network of Development Entrepreneurs，ANDE）；社会目标银行建立了价值型银行全球联盟（Global Alliance for Banking on Values）。此外，"责任投资"的倡导者也创建了社会投资论坛（Social Investment Forum，SIF）来确保遵守联合国责任投资准则（UN Principles for Responsible Investment，UNPRI）。联合国责任投资准则呼吁企业遵循负责任的环境、社会和企业治理（ESG）标准。[39]扶贫协商集团（Consultative Group to Assist the Poor，CGAP）是一个由33个捐赠者组成的联盟，这33个捐赠者有着共同的目标，那就是努力让穷人获得金融服务。[40]热衷于项目相关性投资的美国基金会管理人员组建了项目相关性投资者网络（PRI Makers Network）来分享经验，开发最佳实践和吸引其他基金会加入该阵营。随着人们越来越喜欢运用其他途径来推广基金会的使命相关性行动（例如，通过选择性捐赠投资或战略性表决权股份），一个名为"为使命付出更多"（More for Mission）、总部设在波士顿学院的新组织也诞生了。现在，这两个基金会团体已经合并成使命投资者交易所（Mission Investors Exchange）。[41]涉及社会影响力投资和高度参与型拨款的欧洲基金会也类似地感觉到对基础设施组织的需求，就像上文提到的，130家欧洲基金会联合组建了欧洲公益创投协会。小额信贷投资者也发现有必要建立基础设施组织来满足它们的特定需求，因而也创建了小额信贷投资交易所（Microfinance Investment Exchange）和国际小额信贷投资者协会（International Association of Microfinance Investors，IAMFI）。

尽管基础设施组织蜂拥而上，但是一批基金会、发展机构和私人金融机构在一系列由洛克菲勒基金会于2007年和2008年召开的重要会议上仍然得出了这样一个结论：依旧需要在领域建设方面作出更加广泛的努力，唯有如此，才能将这些多样而分散的倡议凝聚在同一面旗帜之下，并将使领域摆脱两位学者称之为"缺乏协调的创新"（uncoordinated innovation）的状态。[42]作为这些会议的结果，全球影响力投资网络（Global Impact Investing Network，GIIN）在2009年正式成立，而且获得了洛克菲勒基金会、摩根大通集团和美国国际开发署的巨额资助。全球影响力投资网络的主要任务是，创建关键的基础设施，提升实践水平，构建共同的话语和激励有关领域建设的研究，从而推动社会影响力投资产业的发展。为此，它创建了一个由世界各地最主要影响力投资者组成的"投资者理事会"（Investors' Council）；制定了所谓的"影响力报告与投资标准"（Impact Reporting and Investment Standards，IRIS），包含一系列内容广泛的指标，可供社会影响力投资者用来衡量其投资的社会绩效；建立了一个影响力投资基金的在线数据库"Impact Base"，用于推动从事相近业务和身处相邻区域的基金开展合作；开展各种外联工作来提供本领域的知名度和鼓励本领域的扩张，比如，研究如何将社会影响力投资打造成一种具备自身技能要求、组织结构、度量标准、行业团体、教育培训的"资产类别"（asset class）。[43]

三　新型拨款组织

前文提及的新行动主体均涉及社会影响力投资（其融资方式属于非拨款型的）的某些方面，然而还一些实体则正试图利用某些富有创意的新方式来激励一些较为普通的慈善行动，比如，在线门户网站、资助联合体、转制型基金会、企业发起型慈善基金。

> 在线门户网站或在线交易平台创造性地运用新型通信技术，把捐赠者和投资者直接对接给受援组织。

（一）在线门户网站和在线交易平台

在这些实体中，在线门户网站或在线交易平台具有较强的创新性，它们创造性地运用新型通信技术，把捐赠者和投资者直接对接给受援组织和企业，这种即时性是以往不可能做到的。但是，它们绝非只是这样一种互联网服务提供者：顺便被用来转移现金、商品和志愿服务机会。确切地说，它们是这样一种组织：借助复杂精巧的数据库和安全系统，专门被设计成捐赠者与受益人之间的中转站。此外，经过不断的发展，它们至少已能调配三种不同类型的资源：（a）金融资源，包括短期现金和长期投资资金；（b）商品，比如计算机软硬件、药品和食物；（c）服务，涵盖有偿服务和志愿服务。[44]

就像慈善新前沿的其他活动一样，这些在线门户网站的数量和规模迅速增长。最近的一份研究甄别出了 170 多家专门处理慈善捐赠业务的此类实体。[45]仅仅其中的公益网（Network for Good），从其 2001 年成立到 2011 年初，就为大约 6 万家组织募集到了 5 亿美元左右的资金。另一个实体吉娃（Kiva）则致力于帮助偏远地区的小型社会企业获得由美国、西欧等地的社会取向型投资者所提供的贷款。从 2005 年成立到 2012 年，吉娃已经帮助近 88.5 万社会企业家（其中，80% 是女性）从 83.5 万多个个人捐赠者手中筹集到 3.6 亿美元的贷款，并成功地将还贷率维持在近 99%。[46]

另一家在线门户网站"科技浓汤全球企业"（TechSoup Global）以实惠的价格帮助非营利组织获得技术、硬件和软件的捐赠，而非资金的捐赠。截至 2010 年底，该组织已经向全球 13.3 万个组织提供了价值 66 亿美元的技术产品。[47]"志愿者配对"（Volunteer Match）向志愿者提供类似的服务，即运营一个大型的配对操作平台来帮助那些拥有志愿者项目的个人和企业，把潜在的志愿者与需要志愿者服务的组织对接起来。据"志愿者配对"估算，仅仅 2010 年，如果接受过志愿者配对服务的组织必须为此支付报酬的话，那么这项志愿者配对工作所创造的社会价值可能超过 6 亿美元。[48]

诚然，这些在线门户网站尚未达到一个足以与主流资助机制相匹敌的规模。此外，我们也有正当的理由质疑它们是否真的让那些被筹集起来服务慈善目标的资源获得了新的附加价值。尽管如此，随着这类行动主体获得越来越多的关注和知名度，一大批创新者加入到了慈善领域，并一起将新活力和即时性注入传统的慈善捐赠和志愿活动之中。这些创新者包括：Care2.com，致力于动员社会变革的倡导者；Idealist.com，致力于提供社会目标领域里的工作信息；Americares.com，致力于提供医疗服务；DonorsChoose.org，致力于向学校教师提供援助。

另外一类新型行动主体是由国内最大的一些营利性投资企业发起设立的巨型慈善基金……

（二）企业发起型慈善基金

与营利性社会目标投资基金相伴而生的还有另外一类新型实体——由国内最大的一些营利性投资企业发起设立的巨型慈善基金，比如，富达投资集团（Fidelity Investments）、查尔斯·施瓦布父子慈善基金（Charles Schwab and Sons）和先锋基金（Vanguard）。营利性投资企业之所以成立这些基金，其主要目的是管理其投资客户的慈善基金。目前，仅在美国，就有 32 家企业发起型慈善基金在实际运行，它们管理着 8.8 万个"捐赠者指示型基金"，资产总额则高达 120 亿美元。捐赠者指示型基金是一种类似于微型基金会的慈善资金池，不仅准许捐赠人在设立基金之时就可以享受全部捐款的慈善税收抵免优惠政策，而且允许捐赠人在其有生之年的任何时候利用该基金的钱进行捐助。[49]

第一家企业发起型慈善基金仅仅成立于 1991 年，但是在 21 年之后，它管理的捐赠者指示型基金的规模已经超过了全美最大的社区基金会管理的捐赠者指示型基金的规模，而后者已经存在了将近 100 年。在发起企业的帮助（通过服务合同的形式）下，企业发起型慈善基金理顺了自己的管理流程和投资功能，由此不仅给社区基金会的发展带来了极大地挑战，甚至对社区基金会的生存构成了潜在的威胁。从总体情况来看，32 家企业发起型慈善基金管理的捐赠者指示型基金的资产规模，已经大致等于全美 600 多家社区基金会管理的捐赠者指示型基金的资产规模。以前，社区基金会几乎垄断了对捐赠者指示型基金的管理。[50]在发展过程中，企业发起型慈善基金还帮助推广信息管理技术和高难度投资管理技术在慈善事业领域的应用。[51]尽管这些机构仍然高度重视拨款这一工具，但是它们也已经开始尝试使用一些日益渗透到社会投资领域的金融工具。

另外一种慈善机构"转制型基金会"是在国有资产或国家控股资产的民营化过程中诞生的。

（三）转制型基金会

另外一种已经出现在慈善新前沿的慈善机构被称为"转制型基金会"（conversion foundation）。不同于那些依靠私人企业家财富创建的传统独立基金会，转制型基金会是由公共或准公共资产经过民营化转制而来的。我将这个转制的过程称为"通过民营化实现慈善化"（philanthrop-ication thru. privatization，简称 PtP）。这里所谓的公共或准公共资产可以是一家政府所有的企业、一栋政府所有的建筑或其他资产、一些政府控制的特定收入来源（比如国营彩票收益或者采矿权价款收入）、债务置换（debt swaps）以及准公共组织（如非营利组织）向营利组织的转制。[52]

这类基金会兴起的根源可以追溯到新自由主义推动公共或准公共机构民营化的努力。这些转制收入在一般情况下会纳入政府预算，在一些特殊情况下也可能流入政治家的口袋。但是，在不少案例中，转制收入被划入一些新组建的或现存的基金会，并构成了这些基金会的全部或部分资产。

该现象最早的一个案例是，第二次世界大战之后，与纳粹党关系密切的国有制企业——大众公司（Volkswagen Company）通过民营化的方式转制为大众基金会（Volkswagen Foundation）。这家成立于1960年的基金会已经发展成为欧洲顶级基金会之一，目前拥有35亿美元的资产，致力于促进德国的科学进步。在德国，大众基金会已经成为公共或准公共资产民营化转制的榜样和模板。[53]

然而，大众的案例并非孤例：人们对民营化这一工具的实际使用频率比他们先前认为的要频繁得多，并由此产生了一些著名的慈善基金（charitable endowments），其中一些规模巨大。事实上，全球约有500多家这样的"转制型基金会"，总资产至少为1350亿美元，其转制前的公共或准公共资产涵盖上文提及的所有类型。[54]例如，米兰著名的歌剧院——拉斯卡拉（La Scala）便是这样一个典型的例子：一座政府所有的实体设施被转移给一家基金会，后者成立的目的即在于管理这座实体设施并帮其争取额外的援助。比利时的博杜安国王基金会（King Baudouin Foundation）代表另一种类型：它的资金来源于政府的彩票收益。债务置换则意味着，债务国在被免除外国债务之后，将相应数额的本国货币投入到一个慈善基金。这种方式已经在很多拉美国家应用过，而波兰－德国合作基金会（Polish-German Cooperation Foundation）也是通过这种方式产生的。还有一种做法是，在非营利组织转制为营利企业的时候，将非营利组织的资产部分或全部划归某个基金会。这种做法既在美国非营利医院和非营利健康保险机构的转制改革中出现过，也在意大利、奥地利和新西兰的非营利银行或合作银行转制改革中被采用过。[55]

这种通过民营化实现慈善化（PtP）的现象不仅本身具有重要意义，而且为很多欠发达国家指明了一条创建慈善基金会的可行之路。

这种通过民营化实现慈善化（PtP）的现象不仅本身具有重要意义，而且为很多欠发达国家指明了一条创建慈善基金会的可行之路。这些欠发达国家不存在足以创办大规模基金会的私人财富，但是它们的政府控制着很多大型企业或价值不菲的采矿权，一旦将这些资产出售，就可以利用一部分的出售所得资金来创建一些基金会类型的慈善基金，用于服务当地居民的健康与福祉。

慈善新前沿的另一个有趣进展是资助联合体的扩张。

（四）资助联合体

慈善新前沿的另一个有趣进展是资助联合体的扩张。这类组织向个人和组织提供了一条联合进行拨款或社会目标投资的渠道。尽管这类组织在参与者类型（比如，个人或组织）、资源类型（比如，拨款、贷款、股权投资）、受益人类型（比如，个人、非营利组织、社会企业、其他组织）等方面千差万别，但是它们分享着一个共同的理念，即通过知识和资源的共享与运作的协同来实现降低成本和最大化影响力的目标。它们还发挥一个重要的社会功能，即将志同道合的个人和组织聚集在一个共同的目标之下。

"赠予圈"（Giving circles）便是资助联合体最常见的形式之一。赠予圈是指这样一个群体，它们将自己的部分慈善资源汇聚在一起，共同决定用这些资源来支持哪些组织，以及采取何种支持方式（拨款或/和志愿服务）。在美国，有案可查的赠予圈至少有 500 个，但是该数字可能远远低估了实际规模。[56]一些赠予圈关注一般化的目标，而另一些则聚焦"个性化"或"多样化"的目标。除了扮演重要的慈善角色之外，赠予圈还担负着一个社会角色，那就是将那些具有慈善精神的个人聚集到一起，并在他们之间建立起一些重要的社会纽带。

类似的团体也已经出现在社会影响力投资领域。其中一个名为"托尼克"（TONIIC），它创建了一个由 42 名影响力投资者组成的排他性全球社团，目标是向全球各地的社会企业投资 1 亿美元。这个网络的会员相互分享有关潜力社会企业的信息，协同开展尽职调查，鼓励会员联合投资一些已获鉴定的潜力社会企业。[57]

协同捐赠和投资不仅仅限于个人。不少组织也已经认识到，只有采取联合行动，才能解决重大问题。"活力城市"（Living Cities）便属于早期典型之一，它是由 6 家基金会联合发起组建的，致力于阻止美国城市继续堕落。经过 20 多年的发展，这个资助联合体已经成为一个由 22 家基金会和金融机构组成的网络，并已向美国 22 个城市的再开发项目联合投资了近 10 亿美元。[58]资助联合体的另一个例子是"投资者圈"（Investors Circle），这个由天使投资者、基金会和家族基金组成的网络具有 20 多年的历史，已经为 250 多家致力改善环境、教育、卫生和社区的社会企业带来 1.52 亿美元的投资。[59]

四　一块生机勃勃的次大陆：小结

简而言之，慈善领域正在发生的一场"大爆炸"释放出了大量的新行为主体，它们热衷于运用自己的天赋和能量来寻觅解决老问题的新方法，并试图为这一努力寻找新的融资渠道。一些新行为主体奋力开拓新兴社会投资市场的供给侧；另一些新行为主体则致力于向投资者或投资对象提供各种各样的支持性服务；还有一些新行为主体正试图把新技术或新方法应用到传统的拨款型慈善活动之中。尽管这些新行动主体有着不同的行为取向，但其行动却共同引爆了慈善领域的能量和创新。在慈善领域，这场爆发即使不是自耶稣、穆罕默德和迈蒙尼德（Maimonides）之后，也至少是自安德鲁·卡耐基（Andrew Carnegie）和约翰·D. 洛克菲勒（John D. Rockefeller）之后所未曾见的。

第三章　探索慈善的新前沿Ⅱ：新工具

　　理所当然，新行动主体的涌现不是发生在"真空"之中，而是与新工具的激增相伴相随，甚至在某种程度上说，前一现象是由后一现象所催发的。新行动主体正是运用这些新工具来达成社会和环境目标的。可以说，新行动主体和新工具的发展呈现出了齐头并进的态势。这场正在发生的革命有着两个方面的含义：在"慈善空间"履行职责的组织出现了新形式；用于实现慈善目的的新工具也不断增加。这些新工具利用一系列犀利的金融和非金融手段，有效弥补了慈善拨款和赠予等传统工具的不足。

　　　　一系列犀利的新工具在社会目标领域正得到广泛使用，其中大部分的工具是首次被引入社会目标领域。

　　如前所述，对人类社会而言，许多"新"工具并不是完全新颖的。相反，诸如贷款、股权投资、债券和证券化之类的很多新工具不仅在企业金融领域已有悠久的使用历史，而且在政府领域也得到了越来越广泛的运用。[1]之所以说这些工具"新"，是因为它们刚刚被引入慈善和社会投资领域。

　　让这些工具在慈善和社会投资领域变得越来越有吸引力的原因是它们的杠杆能力，即能够向社会目标领域注入增量资源，尤其是那些控制在银行、投资公司、养老基金、保险公司和高净值人群手中的资源，这些资源的种类与规模殊异于传统慈善资源。试举例说明，某一基金会或个人作出一笔拨款或赠予，其产生的社会价值通常来说仅仅等于这笔拨款或赠予的规模。但如果这个基金会或个人利用同样的资源为一笔由商业银行或养老基金发放的贷款提供担保，那么就可以发挥杠杆效应，撬动比它本身多得多的资源。

尽管很多被引入社会目标领域中的新工具对人类社会而言并不是全新的，但是要将它们适用到慈善和社会投资这个新前沿，仍必须对之做出各种各样的调整和改良。这些调整和改良工作极具创造性，虽然尚未获得充分的认同和理解。贷款必须辅以各种"信用增级"手段，才能诱导风险规避型投资者把贷款利率维持在社会目标组织能够负担的水平。股权投资需要做必要的修正，以便绕开非营利性组织不得分配利润的法律禁令。新型债券必须想方设法去规避麻烦的"评级"规定，并确保长期的耐心资本会流入有潜力的社会企业。

本书姊妹篇《慈善的新前沿》将会详细阐述这些新工具的演化，而本章的任务是简要地介绍下一些主要工具的核心特征，为读者深入阅读和理解本书姊妹篇的相关章节做好准备。上文已经提到，我们将新工具划分为金融工具和非金融工具，前者主要包括贷款、股权等，后者系指对一些传统工具的创新运用，包括众包、社会责任投资和采购等。

一 社会影响力金融投资工具

> 到目前为止，贷款是最为常见的社会影响力投资工具。

（一）贷款

我们对金融投资工具的讨论将从以下的工具开始：贷款或债务及其近亲"信用增级"。到目前为止，贷款是最为常见的社会影响力投资工具。1969 年，美国国会通过了《1969 年税收改革法》（*Tax Reform Act of 1969*），为美国基金会进行所谓的"项目相关性投资"打开了一扇大门，并将"项目相关性投资"纳入基金会法定支出的统计范围。那时谈到项目相关性投资，多半浮现在脑中的就是贷款。毋庸置疑，贷款一直是项目相关性投资的主要形式。根据 2006～2007 年的数据（这是我们能够获得的最新数据），贷款占项目相关性投资全部数量的比例接近 80%，占其全部金额的比例超过 85%。[2]库奇（Cooch）和克莱默（Kramer）将研究范围从项目相关性投资扩展到美国基金会的"使命投资"，结果发现了类似的现象：在 520 项已获认定的此类投资中，63% 属于贷款，另外 19% 属于其他类型的债务。[3]一个范围更广的全球性研究进一步验证了上述结论，该研究的分析对象是 52 个投资者做出的 2213 项社会影响力投资。如表 3 - 1 所示，截至 2011 年，这些社会影响力投资者拥有 44 亿美元的未偿社会影响力投资，其中 75% 的交易和 62% 的资产（总额为 27 亿美元）采取了债务的形式。[4]

表 3 - 1　社会影响力投资的资产类别

工具类型	数量（项）	占比（%）	金额（百万美元）	占比（%）
私人债务	1345	61	2296	52
双边贷款协议	152	7	191	4
存款	106	5	70	2
担保	10	0	73	2
股权类债务	48	2	78	2
公共债务	1	0	2	0
小计，债务*	1662	75	2710	62
私募股权	548	25	1655	38
公募股权	2	0	10	0
小计，股权*	550	25	1665	38
实物资产（报告数）	1	0	2	0
总计	2213	100	4377	100

　* 债务和股权两行分别是其上面各行的合计值。

　资料来源：Jasmin Saltuk, Amit Bouri, and Giselle Leung, *Insight into the Impact Investment Market: An In-Depth Analysis of Investor Perspectives and over 2200 Transactions* (London：J. P. Morgan Social Investment, 2011)，6。

　　贷款是债务的一种形式。贷款的基本含义非常简单：某个贷方提供资金（即本金）给某个借方，而这个借方有义务在一段时间之后或在未来某个约定的时间（到期日期）偿还资金，并附上利息。与债券（下文将讨论）等其他形式的债务相比，贷款的资金规模较小，偿还时限较短。但是，所有形式的债务都与另一种主要的投资资本——股权，有着显著的区别。股权指的是所有权的一定份额，并不意味着一种偿还义务，除非投资对象赚取利润。因此，贷款的风险要小于股权，但一般情况下，其回报也相应较小。

然而，当贷款被引入社会影响力领域时，其复杂性就上升了。[5]一般来说，贷款必须是"有抵押的"（secured），换言之，如果贷款未获偿还或者"失去安全"（unsecured），贷方可以得到被抵押的资产。传统上来说，房地产贷款的风险是最低的，因为这种贷款以有形资产作抵押。但是，社会企业拥有的有形资产往往非常少，这意味着它们难以为其贷款提供足够的担保。前文曾提到摩根大通集团在 2011 年对 2213 项社会影响力投资做过研究，该研究发现，60% 的债务投资是没有抵押的。贷款也可以划分为"优先级"（senior）和"后偿级"（subordinated）。一旦借方无力履行偿还贷款的义务，优先级贷款拥有优先获得赔付或资产的权利，而后偿级贷款只有在其他贷方或投资者得到偿付之后才有权获得偿还。营利性的放贷者在贷款给社会企业时，往往倾向于要求优先级贷款的地位，以降低自己的风险。最后，贷款还可以分为"软贷款"和"硬贷款"。软贷款的偿还条款比较灵活或宽容，其利率通常也低于市场利率。这种灵活的偿还条款往往比较符合初创期甚或成长期社会企业的需求，因为这类社会企业常常缺少可以用来担保贷款的有形资产，而且它们的事业前景也存在不确定性。

> 信用增级的功能在于改变风险－收益比率，以便吸引私人投资者参与社会目标交易。

（二）信用增级

由于很多社会企业的相对风险比较高，因此有必要在贷款协议中增加一些激励措施，以便吸引到贷方，并让它们愿意接受初创期社会企业通常需要的低于市场水平的利率。本书开头提到的非洲农业资本基金（African Agricultural Capital Fund，AACP）就是一个典型的例子。为了吸引摩根大通集团的社会金融部门向该基金提供 800 万美元的贷款，美国国际开发署不得不为这笔贷款提供担保，以确保摩根大通集团不会遭受任何损失。[6]这种担保就是一种被称为"信用增级"的激励措施。信用增级的功能在于改变风险－收益比率，以使私人投资者尽量绕其最大化股东利益的法定义务，进而参与到社会目标交易中。在另一些例子中，以"社会影响力优先"为导向的基金会或其他社会投资者愿意提供拨款、后偿级贷款或股权资本作为资本"垛"的最底层，由此承担了一项投资的任何初始损失。通过这种办法，它们确保私人投资者在一个投资联盟中处于更为优先的地位，从而鼓励私人投资者参与投资和降低其回报要求。在最近的一个交易中，英国的一家小额信贷机构"公平金融"（Fair Finance）从法国兴业银行（Société Générale）和法国巴黎银行（BNP Paribas）获得了一笔200万英镑的贷款，这笔贷款由一笔75万英镑的基金会拨款和一笔由大社会资本（英国政府的社会投资基金）提供的35万英镑的软贷款作担保。[7]

（三）固定收益证券（Fixed-income securities）

另一类在社会影响力投资领域得到越来越多运用的债务工具是固定收益证券（Fixed-income securities）。从本质上讲，它们就是一些期限较长的大额贷款，一般通过承销商或投资银行进行销售，销售对象包括各种各样的投资者，比如，养老基金、保险公司和高净值人群。鉴于其巨大的规模和间接的销售方式，固定收益证券通常会在公开销售之前经历一个复杂的评级过程（rating process）。固定收益证券在全球资本市场占据一个很大的份额。即便受到2008年金融危机的不利影响，未偿付的固定收益证券的估值在2010年底仍然达到95万亿美元。因此，固定收益证券有能力向大型项目提供巨额资金。[8]

最常见的一类固定收益证券是长期债券，但是期限较短的票据（notes）也常被使用。[9]通过固定收益证券筹资的借方需要按照合同，在约定的到期日向债券持有人支付借款本金，并在债券存续期间定期支付利息。这种利息被称作息票（coupon）。相应地，债券持有人也可以在其愿意的时候将债券卖给其他投资者，而债券的价格变化取决于债券的票面利率与市场的现行利率之间的关系。

由于固定收益证券的规模偏大、复杂度高，因而最常使用这种工具的机构往往比较成熟，而且拥有可靠的收入流，能够准时兑现息票。在所有社会目标组织中，大学和医院最常使用固定收益证券。在美国，大学和医院在使用固定收益证券时，往往会辅之特定形式的信用增级工具，即投资者可以通过税收减免的方式获得利息收入。

特别富有想象力的固定收益证券是卡尔弗特基金会在 1995 年推出的社区投资票据（Community Investment Note，CI Note）。

然而，人们还找到了一些富有创新性的办法，可以将这个有利可图的工具用于资助其他的社会目标活动。在创新光谱的一段是国际免疫融资机制（International Finance Facility for Immunisation，IFFIm），这个雄心勃勃的国际机制为以下社会目标活动提供担保：向全球 70 个最贫穷国家的 5 亿儿童生产、分销和交付预防小儿麻痹症、麻疹和破伤风等致命性疾病的疫苗。国际免疫融资机制利用债券进行融资，但是这些债券的最终偿付由几个欧洲国家的政府提供担保，销售由高盛集团（Goldman Sachs）和德意志银行（Deutsche Bank）负责。国际免疫融资机制的网站解释说，"通过在资本市场发行债券"，国际免疫融资机制"将长期的政府承诺转换为即刻获得的现金资源"。国际免疫融资机制在 2006 年首次发行债券，并筹到 17 亿美元，该金额是最初目标的 1.7 倍，而到目前为止总共筹到 36 亿美元。[10]

同样富有想象力的固定收益证券是美国一家社区发展金融机构——卡尔弗特基金会在 1995 年推出的社区投资票据。该票据的推出还得益于福特基金会、麦克阿瑟基金会（MacArthur Foundation）和莫特基金会（Mott Foundation）的支持。就本质而言，社区投资票据就是迷你债券（minibonds），没有经过评级，由卡尔弗特基金会直接或者由中间商间接销售给个人投资者，而目前已经改由易趣公司（eBay）的一个子公司进行在线销售。投资者可以根据自己的意愿选择票据的期限（1 年、3 年、5 年、7 年或 10 年）和利率（0、1%、2% 或 3%）。然后，卡尔弗特基金会将筹集的资金投资到美国一些致力于推动廉价住房建设或内城区发展的社区中介组织，以及国际上一些小额信贷和经公平贸易（fair-trade）认证的农业工人（farmworker）合作社。迄今为止，这种创新性的固定收益工具已经从 1 万名个人投资者身上筹措到了 2.2 亿美元的资金，亏损率低于 1%，而所有亏损均由卡尔弗特基金会的储备金来弥补，由此确保了每一个投资者都能按时获得本金和利息。[11]也许同样重要的是，在卡尔弗特基金会的启示下，很多社会目标型社区发展金融机构和相关组织也开始销售无担保、无评级的零售型票据，以为社会目标倡议筹集资金。

将信用增级工具捆绑在债券之上的其他例子包括：比尔与梅琳达·盖茨基金会（Bill and Melinda Gates Foundation）向一个营利性特许学校网络"休斯敦KIPP"（KIPP Houston）提供了3000万美元的债券担保，从而使后者通过免税债券的方式从私人投资者手中筹集3亿美元，用来扩张其特许学校网络，而在这个过程中，盖茨基金会没有花费任何成本；美国财政部在2011年新设了一个社区发展金融机构债务担保项目（CDFI Bond Guarantee Program）来支持社区发展金融机构，使其在2008年金融危机之后依然能够为自己的廉价住房和社区发展项目筹措资金。

（四）证券化（Securitization）

证券化是一种补充性的债务相关性工具，与债券工具有着紧密的联系。证券化是这样一种机制："二级市场"的行动主体可以运用它，将个人的抵押贷款或其他债务打包卖给投资者，其目的是让贷方获得资金来发放新的贷款。就像其他被引入社会目标金融领域的"新"工具一样，证券化在常规金融领域已经使用了很长时间。实际上，2008年美国金融危机正是由主流证券化领域的问题导致的——证券化的抵押贷款的价值远远低于不知情的投资者所支付的价格。这些不知情的投资者甚至包括美国的一些主要银行和投资机构。尽管社会目标贷款的业绩要比主流营利性贷款的业绩好得多，但是全球金融危机依然给投资者购买由社会目标贷款支持的债券泼了一瓢凉水。不过，证券化还是进入了社会目标金融领域。

证券化涉及将成百上千的个人贷款打包卖给所谓的特定目的实体（special purpose entities），后者再发行由贷款支持的债券或其他证券以卖给终端投资者。[12]担保债券的贷款可以是住房抵押贷款，即住房抵押贷款支持证券（mortgage-backed securities），或者是面向其他目标的贷款，比如，汽车贷款、信用卡余额，或者是在社会目标领域向微型企业或特许学校提供的贷款，即资产抵押证券（asset-backed securities）。这些交易涉及一个高度复杂的事务，那就是为这些由众多贷款担保的证券进行定价。要估算这些证券的风险水平和可能性收益，必须综合考虑标的贷款（underlying loans）的期限、利率、偿付可能性以及所有这些因素与总体市场环境之间的关系。

通常而言，社会目标投资具有不确定性，因此证券化在这个领域的进展一直很慢，直到最近才有所突破。也正因如此，该投资领域的二级市场机构不得不依赖私募和资助联合体（funding consortia），而非依靠能够销售"经过评级的"证券的现有机构。此外，它们还不得不运用信用增级手段，比如，债券担保、损失准备金等，以防止天使投资者或慈善机构遭受损失。

然而，到了 21 世纪初期，住房和小额信贷领域的二级市场机构终于成功地运用这个物超所值的工具，将大量资源引入社会目标领域。尤其值得一提的是，社区再投资基金是美国一家关注低收入住房和社区发展抵押贷款的二级市场机构，它在 2004 年设法搭建和销售了第一支由低收入住房和社区发展贷款担保的"经过评级"的债券，并在销售过程中成功地吸引 8 家新的机构投资者。这 8 家机构投资者坚守严苛的投资准则，绝不会购买未经评级的债券。紧接着，社区再投资基金在 2008 年金融危机浇灭投资者热情之前，又发行了另外 3 支经过评级的证券化债券。

全球小额信贷产业也在千方百计地寻找利用证券化工具的办法。蓝色果园是一家瑞士的小额信贷投资基金，它在 2004 年发行了第一支小额信贷方面的证券并筹集到 6700 万美元，用于补充全球范围内的小额信贷投资中介机构（microfinance investment intermediaries，MIIs）的资金。随后，至少有另外 9 笔小额信贷的证券化交易顺利达成，其中最新的一笔是，2006 年孟加拉国农村发展委员会（Bangladesh Rural Advancement Committee，BRAC）成功发行了 1.8 亿美元的证券化债券。截至 2008 年，通过小额信贷证券化筹集到的资金在全球范围内已经达到 5.25 亿美元，尽管只占小额信贷投资中介机构的全部未偿付投资的 12%，但依然已是一个非常可观的规模。

> 对社会目标组织来说，比证券化更具吸引力的工具莫过于股权投资。

（五）股权

对社会目标组织来说，比证券化更具吸引力的工具莫过于股权投资。

毕竟，贷款是证券化的基础，而贷款终须连本带利地偿还。然而，股权投资便不负有这样的义务。股权投资的通常做法是，企业将自己的股份出售给股权投资者以换取资金。与债务不同，出售股权的组织没有法定义务将投资资金返还给投资者，也不必支付利息。一般来说，股权投资者会选择一些他们认为具有成长潜力的组织进行投资。他们期待的回报是，组织的利润分红，或者通过将所投资的组织或持有的股份卖给其他投资者而获得的资本收益。但倘若所投资的企业无力分红或者经营不善，那么股权投资者便会亏本。股权投资承担最高级别的风险，因此也必然要求最高限度的回报。

从历史上看，股权融资一向很少被社会目标组织所使用，但最近，这种状况正在发生改变。

从历史上看，社会目标组织使用股权融资要比使用债务融资少见很多。[13]这背后的原因之一便是，大部分社会目标组织都采取了非营利组织的形式，而法律明文禁止它们发行股份或分配利润。此外，即便是营利性社会企业，也要耗费相当长的时间才能产生利润，这就使它们很难对社会目标投资者产生足够的吸引力。就算诸如基金会之类的耐心资本提供者也不太愿意进行股权投资。库奇（Cooch）和克莱默（Kramer）2007 年对 52 家基金会使命投资者所做的研究发现，这些基金会进行了520 项投资，却只有 14% 属于股权投资。尽管股权投资占了投资总额的45%，但其中绝大部分都是房地产投资，也即有形资产投资。[14]更一般地说，摩根大通集团在 2011 年对 52 家资产超过 2500 万美元的社会影响力投资基金所做的研究表明，在 2213 项经认定的投资中，股权投资只占25%，不过其占投资总资产的比例达到 38%。[15]

然而最近，社会企业不断增长，其中大部分采取了营利性组织、合作社或其他混合性组织的形式，这使社会目标领域有了大量使用股权工具的机会，并涌现出多种进行股权投资的股权基金。也许正好反映上述趋势，摩根大通集团最近的一份调查显示，社会影响力投资者开始越来越多地使用股权工具。根据这份调查，超过 80% 的样本社会影响力投资者表示自己在 2012 年进行股权投资，相比之下，只有 66% 的样本社会影响力投资者表示自己使用私人债务工具。不过，这份研究并没有说明股权投资占投资总数量或总金额的比例。[16]

大部分的社会目标股权投资采取所谓的私募股权（private equity）的形式，也即投资于那些没有在正式证券交易所上市的企业。确切地说，这类投资一般通过股权基金（equity *funds*）进行私下交易。近年来，股权基金无论在数量上，还是在资产上都有了巨大的增长。有研究估计，美国私募股权基金市场拥有 375 家所谓的社会责任型"另类投资基金"（alternative investment funds），它们的投资对象是一些将环境、社会和企业治理（ESG）标准纳入投资决策程序的未上市企业。总计起来，这些基金已经管理着 810 亿美元的资产，比上一年增长了近 16%。其中，私募股权和风险资本基金控制着 340 亿美元的资产，房地产基金控制着 440 亿美元的资产（其中一部分资产采取的是股权投资的形式）。[17]

社区发展风险投资联盟（CDVCA）是一个行业协会，其支持的行业致力于扶持落后地区的企业发展。社区发展风险投资联盟将其会员的使命陈述为"向处于投资不足市场（underinvested markets）的企业提供股权资本，既追求市场利率水平的经济回报，也寻求创造优质的工作、财富和企业家才能"。[18]成立于 1968 年的肯塔基高地基金（Kentucky High-lands）是最早的这类基金之一，其初衷是在肯塔基州东南部经济落后的 9 县地区（nine-county region）促进经济增长和创造就业机会，之后扩展其业务区域，并通过金融杠杆放大了其从联邦政府政府获得的初始资金——运用《社区再投资法》（Community Reinvestment Act）吸引到银行资本。35 年来，肯塔基高地基金的股权投资已经帮助 220 家企业获得了 1.78 亿美元的资金，创造了 9900 多个工作岗位，并为其投资者带来了风险调整后市场回报率（risk-adjusted market rates of returns）。[19]

但是，基于股权基金的股权融资并非美国和其他发达市场所独有的现象。很多股权基金已经发现，在新兴市场进行股权投资也能够获得合理的回报。因此，诸如英国的桥联风投公司、迪拜的柳树影响力投资公司和新加坡的阿维什卡国际公司等营利性企业都建立了一套十分类似于经典私募股权投资模式的操作程序，用于向那些期望获得市场水平回报率的投资者筹集资金，并寻找一些服务于"金字塔底层"人群的有潜力的企业进行投资（参见框3-1）。[20]

框3-1 阿维什卡国际公司

> "我们阿维什卡人的责任是，成为小额股权投资领域的领导者，造就一批既有能力带来显著社会影响力，又有很大成长空间的小企业家。"
>
> "阿维什卡基金Ⅰ的成立目的是，促进印度农村和城市郊区的包容性发展（inclusive development）。本基金的使命基于这样一个信念：有潜力的中小微型企业（MSMEs）将给印度的欠发达地区带来积极的变化……阿维什卡基金Ⅰ的资金（1400万美元）全部投资到了22家公司……业务范围涉及农业、畜牧业、健康、水和卫生设施、促进发展的技术、教育，以及可再生能源。"

资料来源：Aavishkaar International，http://www.aavishkaar.in。

除了通过股权基金对社会目标企业进行私募股权投资之外，私人投资者还直接对社会目标企业开展大规模的股权投资，而这些直接投资一般在社会风险投资网络（Social Venture Network）、投资者圈（Investors' Circle）、慢钱联盟（Slow Money Alliance）和 TONIIC 等天使投资者或者社会企业家网络的帮助下完成的。比如，投资者圈是一个由150名投资者、捐赠者和家族理财办公室（family offices）组成的网络，在其帮助下，1.5亿美元的资金已经被投资到200多家致力于社会和环境目标的公司和网络。[21]

私募股权可以采取多种形式。当相当成熟的企业需要股权来扩大现有运作规模时，一般利用"标准股权"（standard equity）。另一种类型的股权，即下文将要讨论的所谓"准股权"（quasi equity），一般适用于初创期企业和非营利社会企业，因为前者需要更多的灵活性，后者由于不得让投资者享有所有权或将利润分配给所有者而不能利用标准股权。即便标准股权也存在多种形式，比如，"普通股"（common stock）、"优先股"（preferred stock）和"可转换优先股"（convertible preferred equity）等。标准股权的这些形式为投资者提供了不断扩展的所有者权利和获得企业收益的优先权。企业面临的不确定性越大，股权投资者要求的这些权利和优先权也越多。

因为股权没有为回报提供保证，股权投资者，尤其是那些对未上市企业进行投资的私募股权投资者，通常会非常谨慎地评估企业的能力，并要求获得审查企业决策的权力，而且一般会在企业的董事会里占有一些席位。复杂的"投资条件清单"（term sheets）被用于详尽地说明股权投资的金额和用途、企业及其商业模式的价值评估、股权工具的确切类型、投资者被赋予的决策权，以及针对所有者或管理者的激励和控制措施。[22]

通过私募股权融资为社会目标活动筹集资金，通常聚焦在早期融资或夹层融资（mezzanine finance）。除了私募股权投资之外，近年来，伴随着联合国责任投资准则（UNPRI）等投资筛选机制的出现，另外一种社会目标股权投资也迅速增长。这些投资筛选机制就将具有社会和环境意识的投资标准应用到公募股权投资（public equity）之中，因为相对比较成熟的企业往往通过受政府监管的证券交易所进行公募股权融资。[23]大约有230家养老基金和其他投资机构——它们掌控的资产超过25万亿美元——已经表示赞成联合国责任投资准则。截至2011年，美国按照责任投资标准进行管理的投资资产已经达到3.3万亿美元；比较来看，欧洲的相应数据是6.8亿欧元（按2012年汇率计算约等于9万亿美元），这约占欧洲股权投资资产的1/3。[24]

（六）准股权（Quasi Equity）

股权融资是一个强大的融资渠道，但难以成为一个社会目标活动可以普遍使用的工具。其一，很多社会企业都非常年轻。比如，英国2011年的一份社会企业调查显示，54%的社会企业不到10岁，31%不到5岁。相比之下，英国小企业只有33%不到10岁，15%不到5岁。[25]由于需要花费一定时间才能实现稳定盈利，企业年龄太轻往往会吓退投资者。其二，许多社会企业采取了非营利组织的法律形式，而法律禁止非营利组织向潜在投资者发行股票或者以分红的形式分配利润。其三，即便投资对象是营利性社会企业，股权投资者也会担心在他们想从一家社会企业撤资时，该如何找到市场来卖掉这些股权。

准股权给投资者带来一种看起来类似于股权收益的回报，但实际上投资者并不拥有所投资组织的股权。

然而，所有社会目标企业都需要风险资本，无论是用于创业，还是用于扩张。而贷款又不是一种合适的筹资方式，因为社会目标企业的回报并不足以满足偿债要求。幸运的是，人们想出了很多创新性做法来应对这一挑战。其中一个方法是，建立"配对交易市场"（matched bargain markets）或者上文详述过的社会证券交易所（social stock exchanges）。这类交易所向投资者提供一个较为可靠的市场，通过这个市场，投资者无须支付高额交易成本就可以从社会目标股权投资中撤出。[26]另一个创新性做法是，利用结构化金融工具（structured finance instruments）将不同类型的融资资金汇集到单笔交易中，非股权投资的融资渠道可以通过提供拨款或贷款的方式来承担初始亏损的风险，从而使股权投资者的风险得到缓冲。举例来说，阿维什卡国际公司宣称，它的投资工具通常是"一个普通股权和可转换债券（convertible debentures）的混合体。在适当的情况下，我们也会使用准股权、优先可转换债券（preferred convertibles）、可赎回优先股（preferred redeemable）、夹层贷款（mezzanine loans）、特许权使用费（royalties）等风险资本工具。结构化投资的灵活性是我们的主要优势之一，这种灵活性既可以帮助企业扩大业务规模，又可以做到尽可能少地稀释企业发起人的股权"。[27]

不过，社会目标股权投资领域最让人感兴趣的进展之一是对各种准股权的使用越来越广泛。准股权给投资者带来一种看起来类似于股权收益的回报，但实际上投资者并不拥有所投资组织的股权（参见框3-2）。准股权的做法是，签订某种形式的债务合同或特许权使用费约定，以保证投资者可以分享整个组织或特定项目的收益增长。[28]举个例子，HCT集团是英国一个既为弱势社区提供交通服务，又参与商业交通服务合同竞争的慈善组织网络，它利用准股权工具筹集了400万英镑（按2012年汇率约等于640万美元）来购买车辆和设施，却没有稀释自身的非营利性所有权结构。[29]

框 3 - 2　准股权

> 有时候，债务融资并不适合社会部门组织，尤其是在高风险的组织初创期。同样的，股权投资也不太可行，因为法律禁止这类组织发行股票。
>
> 准股权投资让投资者可以通过特许权使用费的方式从组织的未来收入中获取回报。特许权使用费通常是组织收入的一个固定比例。然而，如果组织经营不善，投资者便可能一无所获。准股权投资很像可转换股权投资，只不过不要求组织发行股票。准股权投资者所获得的一部分未来收入通常是与收入而非利润挂钩，因为法律不允许社会部门组织进行分红。

资料来源："What is social Investment，"Big Society Capital，accessed June 12，2013，http://www. bigsocietycapital. com/what-social-investment。

> 一些有潜力的预防性服务可以给政府的未来支出带来节约，将这笔节约出来的支出进行货币化，并利用它……来吸引私人投资者。

（七）社会影响力债券

社会目标融资领域的另一类创新性工具有着很多种的称呼，通常被叫做社会影响力债券，在美国也被称为"为成功付账"（*pay-for-success*）。社会影响力债券为预防性服务（preventive services）提供了一条融资途径。从长期来看，预防性服务最终能够帮助政府或其他实体节约大量的开支，但在支出节约兑现之前，一般很难吸引到前期投资来维持自身的运营。社会影响力债券的设想是，由于一些有潜力的预防性服务可以给政府的未来支出带来节约，因此可以先将这笔节约出来的支出进行货币化，再利用这笔钱，至少是对这笔钱的承诺，来吸引私人投资者承担为预防性服务提供前期融资的风险，而投资回报则是在有证据显示效果良好时获得支出节约额的一个约定比例。

社会影响力债券的运作方式是这样的：政府招募两类中间商，一类中间商负责构建一个能够帮助政府节省开支的预防性人类服务项目，另一类中间商负责寻找一些愿意承担多年度前期成本的私人部门投资者。作为回报，政府许诺，如果服务项目的效果达到或超过预期目标，政府将把初始投资和若干收益返还给投资者，而收益的大小则取决于服务项目的成功程度。

从上面的论述中可以看出，社会影响力债券并非像其字面意思显示的是一种债券，实际上它和准股权一样，是股权和债券的一种奇特混合体。和股权一样，只有在服务项目达到特定的绩效门槛，社会影响力债券才会给投资者带来收益。如果未能达到特定的绩效门槛，投资者便要承担损失本金或没有净收益的风险。然而，像债券类似，社会影响力债券有固定的期限，其收益上浮也存在限制。[30]

英国的彼得伯勒监狱（Peterborough Prison）是这种新工具的第一个吃螃蟹者。英国有一家名为社会融资公司（Social Finance）的社会投资基金从17个投资者手里筹集了500万英镑（约等于800万美元），用来资助一个针对初次犯罪者的为期6年的综合性康复治疗项目。英国政府承诺，如果与控制组相比，该项目的干预行动确实能够降低干预对象的再次犯罪率，而且降低量达到一个目标值，那么政府将偿还投资成本，并按照干预效果支付浮动利息。[31]

这一理念已经传播到美国，但美国人习惯称之为"为成功付账"（pay-for-success）。2012年8月，纽约市首先尝试了这一做法，也是一个与初次犯罪者有关的项目，但与英国做法不同的是，其资金的来源不是慈善基金会，而是营利性投资公司——高盛集团。高盛集团向这个项目提供了960万美元的贷款。[32]

二　其他新工具

除了上述的社会影响力投资工具出现在慈善的新前沿里之外，还有很多其他新工具或新办法也出现在社会和环境的行动领域。尤其值得一提的其他新工具有三种：小额保险（microinsurance）、社会责任投资和采购，以及新型拨款。

最新的估算表明，在世界上最贫穷的100个国家里，低收入人群参加保险的比例不到3%。

（一）小额保险

小额保险是一种新的慈善工具，它并不新奇，却能量巨大。与其他上文讨论过的新工具一样，小额保险并非一种全新的工具。它的新颖之处在于，改造了标准的保险工具，使之适用于生活在经济金字塔底层、面临着多重风险的几百万贫困人口。最近的估算表明，在世界上最贫穷的 100 个国家里，低收入人群参加保险的比例不到 3%。[33] 这意味着，在这些国家中，有超过 97% 的人口赤裸裸地暴露在各种安全风险之下，疾病、干旱、暴风雨、洪水或家人的死亡都能够将他们进一步推入贫困的深渊，或者使他们挣脱贫困的努力付诸东流。

尽管很多储蓄或保险方案，比如丧葬保险，已经自发出现，以降低上述风险，但是这些方案往往缺乏一种合算可靠的保险产品所必须具备的基本特征——拥有足够多的人来共担风险，从而既可以将保险费用降低到可负担的程度，又可以使保险收益远远大于保险成本。

不过，幸运的是，在当地政府、诸如国际劳工组织（International Labour Organization）等国际组织与私人保险公司的合作下，新型的"小额保险"产品已经推出，并开始开发"金字塔底层"人群的市场。[34] 2010 年的一项估计表明，小额保险方案已经覆盖全球 1.35 亿人口。但是，这种水平的供给离满足全球需求还有很长一段距离，而且主要集中在少数几个国家。实际上，瑞士再保险公司（Swiss Re）2010 年的一份研究估计，每日生活支出为 1.25～4.00 美元的穷人有能力负担小额保险费，却尚未被传统保险服务所覆盖，而这部分人口的数量大概是 26 亿；此外，还有 14 亿人口的每日生活支出低于 1.25 美元，如果他们能够获得补贴，也有潜力成为保险服务的对象。[35]

就像慈善新前沿里的其他很多新工具一样，保险产品之所以没能深入涉足金字塔底层市场，部分是因为营利性保险公司未能意识到该市场也能提供赚钱的可能性。当然，保险产品的内生复杂性也是一个重要原因——必须有大量人群购买，这种产品才具有生产的可行性；必须设计某些机制来认定一项承保损失的发生，并计算损失的大小；必须找到一些方法来提前估算这些损失的发生概率，由此才能确定保险费的价格；保险费的价格必须足够低廉，才能让低收入顾客负担得起。

要想克服这些障碍，既需要重大的创新，也需要政府、保险公司、基金会和国际组织等与金字塔底层人群有密切关系的行动主体进行团队合作。创新方面已经取得了令人瞩目的成果：印度的一个项目动员私人保险公司将健康保险的覆盖范围扩展到印度 25 个邦生活在贫困线之下的6300 万人口；[36]农作物保险的索赔确认系统将赔付与天气状况相挂钩，而牲畜保险的索赔确认系统则采用了无线射频识别设备；动员一些与本国低收入人群有着紧密联系的小额保险金融机构［比如，玻利维亚的普罗德姆（Prodem）］或公用事业公司［比如，哥伦比亚的柯登莎（CO-DENSA）］为难以得到服务的顾客提供各种保险产品。借助日益壮大的基础设施组织网络，比如，小额保险网络（Microinsurance Network）、国际劳工组织的小额保险创新机构、全民医保联系学习网络（Joint Learning Network for Universal Health Coverage）和慕尼黑气候保险倡议（Munich Climate Insurance Initiative）等，上述创新既得到了支持，也被推广到更多的地方。[37]

（二）社会责任投资和采购

一个可用于追求社会和环境目标而无须借助复杂金融工具的机制是社会责任投资和采购。社会影响力投资的倡导者多少有点瞧不起这种方法，在他们看来，它只不过"最小化了负面影响，而没有主动地创造正面的社会或环境效益"。[38]不过，在实践中，该机制也发挥了很大的积极作用。

> 在欧洲，遵循社会责任投资准则进行管理的资产在 2012 年达到了 6.8 万亿欧元，也即接近 9 万亿美元。

社会责任投资和采购途径的关键在于，动员投资者和消费者给公司施加压力，要求它们以对社会和环境负责的方式运作。这个目的可以通过很多方式来实现——进行正面或负面的投资筛选；确立投资标准；在股东大会上用投票支持负责任的公司行为；向股东大会提供各种与社会责任有关的决议；与公司领导层进行对话；抵制不良（undesirable）产品；鼓励采购一些符合某些标准的产品，这些标准可以涉及劳工权益、健康问题、善待动物、林业可持续发展或支持原住民。[39]

社会责任投资和采购虽然不是全新事物，但是从 20 世纪 90 年代至今，社会责任投资和采购的影响力得到极大提升，因为新技术的日益普及和企业对"声誉资本"（reputational capital）风险的日趋敏感让投资者和消费者更加重视社会和环境问题。社会责任投资和采购的一个重大进展是，2006 年联合国发布了责任投资准则，界定了企业的哪些行为属于负责任的环境、社会和治理行为。上文曾提及，到 2012 年，约有 230 家养老基金和其他投资基金认可该准则，并且承诺在自己的投资行动中遵守它。

社会责任投资在欧洲投资界尤其受宠。欧洲可持续投资论坛（European Sustainable Investment Forum，Eurosif）是一个由 79 家养老金和投资基金以及 8 个国家级可持续投资论坛组成的网络，它使欧洲遵循社会责任投资准则进行管理的资产在 2012 年达到 6.8 万亿欧元，也即接近 9 万亿美元。[40]不仅如此，近些年来，欧洲大陆的社会责任投资的增长速度已经超过总投资的增长速度，而 2009 年以后，在所有责任投资战略中，有 4/6 的年增长率超过 35%。[41]在美国，遵循社会责任投资准则进行管理的资产也达到相当大的规模，约为 3.3 万亿美元。

不管是由于这些社会责任投资准则的压力，还是因为其他因素的影响，责任投资报告（responsible investment reporting）已经成为全球各地大公司的一道例行手续。一些机构致力于将这种做法引进到自己的国家和地区，巴西的道德机构（Instituto Ethos）就是这样一家机构。仅仅在巴西，就有 600 多家企业按照道德机构的标准要求制作社会责任投资报告。正如某位观察家所说：道德机构让企业社会责任（CSR）在巴西"得到正式承认"，使它成为"企业必行之举，如果该企业想被认为是进步的，是对本国重大社会问题负责任的"。[42]

与道德投资一起兴起的是道德采购。就像莱登伯格（Lydenberg）和格瑞丝（Grace）指出的，截至 2007 年，全球有机食品和饮料的市场总值已经达到 230 亿美元，而有机个人护理用品的销售额仅在美国就达到 90 亿美元。随着报告社会责任履行情况的压力越来越大，企业也已经以社会责任采购者的身份加入了负责任消费者的行列，利用它们的供应链管理来服务它们的社会责任愿望。日本、欧洲和一些拉美国家的企业与政府在这个方面表现得尤为积极。

确信无疑的是，尽管社会责任投资和采购的增长令人印象深刻，但是它们仍然只代表各自领域的一个极小部分。此外，依旧没有足够的证据可以说清社会责任投资和采购对企业财务健康状况或股票价格的实际影响。[43]但是，至少有证据表明，有些企业的表现确实能够反映社会责任投资和采购发挥作用，而这可能就已经很值得了。

近来一些重要的创新也已出现在拨款的世界里。

（三）拨款

尽管慈善新前沿主要关注的是非拨款型工具，因为传统的拨款方式被认为没有能力发挥较为显著的杠杆效应。但实际上，近来一些重要的创新也已出现在拨款的世界里。除了利用各种现有手段之外，这些创新还试图运用如下方式来强化拨款的杠杆效应：通过创业拨款（start-up grants）、配套拨款（matching grants）、试点项目（pilot projects）等方式来展示这些创新的可行性，从而推动政府采纳这些创新。

最近的一项创新就是本书前面已经提到的"公益创投"，它将具有赌注性质的巨额拨款与高强度的组织能力建设、近距离的监督结合在一起。然而，另一类创新涉及的是，运用奖励和众包构建出各种各样的竞争。这类拨款被描述为"拨款世界的一股清新空气"。[44]传统的拨款本质上是由基金会项目官员设计和管理的，与之不同，竞争、奖励和众包建立在这样一个假设之上：由于存在一个点子的市场（a market of ideas），因此，基金会资源的最佳配置方式就是尽可能地开发这个市场。

不同于传统的拨款，奖励和众包致力于开发既存的点子市场。

奖励通常是事后的，用于表彰某个领域里已经取得的突出成就。此类著名奖励有普利策文学奖或诺贝尔奖。然而，一种不同的奖励形式正在兴起，它利用公开竞争的方式为某个具体的问题寻求一种解决方案。这类著名奖励包括：X奖（X Prize），它会向第一个完成某个特定目标（例如，设计一个可以将一个宇航员送到太空边缘的私人飞行器）的团队提供1000万美元的奖励；凯斯基金会（Case Foundation）的"自己动手大奖赛"（Make It Your Own Awards），它让居民从一定数量的社会发

展组织中投票选出一个优胜者，这个优胜者可以从凯西基金会那里获得
2.5 万美元的拨款；丰田汽车公司的"公益点子"奖（Ideas for Good prize），它主要颁给那些将丰田汽车公司开发的五类汽车技术之一应用于解决一个社区或公共问题的个人或组织。

根据麦肯锡公司（McKinsey and Company）新近的一份报告，这类奖励在最近数十年里得到迅速增长。在 21 世纪的头十年里，新增奖励的奖金额度接近 2.5 亿美元，而同时，大型奖励的奖金总额增长了 3 倍多，已超过 3.75 亿美元。实际上，麦肯锡公司估计，该领域的奖金总额大概在 10 亿~20 亿美元之间。[45]

三　小结

慈善新前沿里的行动主体和工具都在经历一场大爆炸。但是，我们该如何解释这种现象，而该解释又能够为这种现象的持久性提供何种深刻的见解？现在我们必须转而讨论这些更具分析性的问题。

第四章　为何是当下？

从现有的证据来看，若干深层次的力量推动慈善新前沿在当下成形。具体来说，这些力量来自需求和供给两个方面。

一　新社会资本市场的需求侧

近年来，在慈善和社会投资的世界里，一个新的前沿已经成形。这个新前沿的成形似乎应该归功于一组重要的需求因素。这些因素主要有三个。

（一）新地狱

世界上的一大批人长期受到贫困和不平等问题的煎熬，再加上新近日益严重的环境威胁，一个但丁的"地狱"（inferno）的现代版本呼之欲出，人类正在承受重重苦难。维吉尔（Virgil）是《神曲》中带领但丁穿过九重地狱的向导。环保主义者莱斯特·布朗（Lester Brown）可称得上是当今的维吉尔，他在《处在悬崖边缘的世界》（*World on the Edge*）一书中生动地描绘了一幅类似于但丁《神曲》的景象。如果人类依旧执迷于不良的习惯，而当前趋势又继续高歌猛进，那么这幅景象将无可挽回地变成现实。[1]

> 一场由这些趋势汇聚而成的劫数正威胁着人类文明。

就像布朗警告的："一场由这些趋势汇聚而成的劫数正威胁着人类文明，使经济和政治陷入混乱。"[2]在但丁想象的九重地狱之外，布朗还添加了令人生畏的6大趋势。

在布朗列举的罪状里，第一宗罪是，由于农业的过度用水和森林的滥砍乱伐，我们的世界正在遭遇水资源耗竭。约20个国家的地下水位正在下降，水井也在干涸，其中包括粮食产量占世界一半的3个国家——中国、印度和美国。

水资源短缺又与过度耕种、过度放牧、过度城市化一起导致了第二个灾难性的趋势：地表土壤的流失与生产力的下降最终将导致荒漠化，到了那时，地球便不再有能力承载生命。荒漠化目前已经影响了25%的地表面积，威胁到10多亿人口的生计。两个规模巨大的风沙侵蚀地带（dust bowls）正在亚洲腹地和中非地区形成，美洲西部也将面临严重的干旱。

> 荒漠化目前已经影响25%的地表面积，威胁到10多亿人口的生计。

上述问题又被第三个灾难性的趋势所强化：化石能源的过度消费及其导致的全球变暖，正严重威胁着食品供给，并引发日益严重和频繁的天气灾难，动辄需要迁移安置数百万人口。

逐年上升的海平面、破坏性日增的风暴和不断蔓延的沙漠造成了大量移民，而这些移民随后便会演变为第四个灾难性的趋势："环境难民"（environmental refugees）剧增，这些难民由于上升的温度、扩张的沙漠、下降的水位、不受监管的有毒废物等环境灾难而被迫背井离乡。上述现象又被第五个令人痛心的趋势所加强：人口急剧膨胀，尤其是在世界最欠发达的地区。这导致了布朗所谓的"人口陷阱"（demographic trap），即家庭人口越多越可能导致贫困，而贫困反过来又会导致家庭人口越来越多。在世界20个最贫困的国家里，40%多人口的年龄不到15岁。大量的年轻人，尤其是年轻男性，没有体面的就业机会，结果成为不满、犯罪，甚至暴乱的一个根源。

所有上述趋势汇聚在一起，导致了第六宗罪：衰败国家（failed states）的数量大幅增长。一旦国家衰败，道路、电力、水和卫生等经济基础设施便会进一步恶化，政权会进一步分裂，而敌对武装团伙也会乘势而起。索马里、乍得、苏丹、刚果、阿富汗和伊拉克在这个泥潭里越陷越深，甚至人口众多的巴基斯坦和尼日利亚也有相当一部分的领土陷入了"衰败国家"的状态。

总而言之，这幅颇为复杂的可怕图景足以提醒人们尽快减少贫困，努力寻找解决食品、水、卫生和环境危机的长治久安之法——这样做不仅仅是为了拯救某些地区、某些人于水火，同时也是为了让全球所有人类免于灾难性后果。

（二）杯水车薪的政府和慈善资源

这些相互纠缠在一起的环境、经济、社会和政治需求，在任何情况下都是难以获得满足的。而这个世界目前的状况是，经济正在经受巨大的冲击，政府支出呈现不可持续性，慈善资源尽管在增长但却根本无法满足解决现存问题的需求。即便是世界上最富裕的国家也没有能力采取有力行动来应对全球性难题，美国的债务已达到其国内生产总值的107%，法国和德国的债务水平也突破了欧盟法律规定的不得超过国内生产总值60%的上限。[3]实际上，这些国家不仅在处理一些国内最重要的社会和环境保护问题时采取了削减支出的措施，而且在面对很多地方不断升级的失业问题时也采取了相同措施。[4]此外，即便按照最乐观的估计，全球的慈善资源也只相当于政府社会福利开支的很小一部分。即便在美国，所有渠道（个人、基金会和企业）的慈善资源加在一起也不会超过本国非营利组织总收入的10%，而与美国政府的社会福利总支出相比就显得更不起眼了。[5]

（三）社会企业家的崛起

需求侧的第三个因素是，一股新的社会力量——一群不断壮大的社会企业家，正在崛起。这股力量对慈善和社会投资新前沿的形成做出了巨大的贡献。新闻记者大卫·伯恩斯坦（David Bornstein）将这些社会企业家誉为"不安分的人"（restless people），他们沉迷于各种力求解决重大问题的奇思妙想，他们"在追求自己的愿景时永不安分，永不放弃，直到把他们的理念传遍世界每一个角落"。[6]

很难对这股力量出现的起因下一个定论，但是可能的原因包括：教育在世界范围的普及让一些被遗落的地方也拥有了一大批受过专业教育的精英骨干；"全球结社革命"（global associational revolution）推动了以变革社会为己任的非政府组织的兴起，由此吸引到一部分专业骨干的参与；[7]互联网公司的爆发性增长让人们激动地看到技术创新可以深刻改变命运的信号；新兴通信技术和阿育王组织（Ashoka）之类的能力建设组织有助于将这些社会企业家连成网络。阿育王组织在过去几十年里一直致力于在慈善市场的需求侧甄别和培育新一代的行动主体。无论原因怎么样，结果都是成功地创建了一个机制，它的主要功能是将各种令人费解的人类需求转换成具体的、可操作的、有效果的解决方案，并吸引到新一代社会投资者的关注。[8]

小额信贷处于这场发展的前沿领域。到了 2010 年，小额信贷已成长为一个总价值达到 650 亿美元的产业，而且拥有了自己的小额信贷投资基金网络。在快速发展的 35 年里，小额信贷为很多社会企业家提供了源源不断的灵感。实际上，一个名副其实的"第四部门"（fourth sector）正在世界范围内兴起，该部门由一些关心社会的个人组成，他们利用崭新的方式从既有资源中创造社会价值，从而真正改变弱势群体的生活。[9]他们不仅向弱势消费者提供廉价的淡水、眼镜、卫生巾、住房、医疗保健、太阳能板、基础教育、手机以及几十种其他产品和服务，而且将这些弱势人群生产出来的产品和服务销售到其他市场。

这些社会企业需要资本，以便扩大企业规模，而且这个需求非常旺盛。据估算，在发展中国家的 3.65 亿～4.45 亿家中小微企业中，有70% 都需要外部资金，但求之无门。[10]这些企业在发展中国家创造了 1/3 的 GDP 和 45% 的就业岗位，但是它们的资金缺口总计约为 2.1 万亿～2.5 万亿美元。这个估算与前文提到的一个估算大致相当，后者认为在 5 个领域（住房、水、孕产妇保健、基础教育和小额信贷）服务于金字塔底层人群的企业面临 4000 亿～10000 亿美元的资金缺口。[11]

"社会企业家探明需求，并将之转化为切实可行的项目。"

一言以蔽之，大量人口生存在经济、环境、自然和社会灾害的边缘，这一现实日益引起创新性社会企业家们的关注，他们正在寻找新的办法来利用现有资源为这个群体生产廉价的产品和服务。但是，由于他们从政府和传统私人慈善部门获得的资源远远不能满足需要，因此转而求助于正在慈善和社会投资新前沿兴起的新工具和新行动主体。

二 供给侧因素

话说回来，存在一种对投资资本和其他形式慈善创新的强劲而渐增的需求，并不能确保这种需求一定会得到满足。恰恰相反，需求和资源之间的错配一直存在，近年来显得尤为紧张。光靠需求侧因素，几乎不可能促成这些新行动主体和新工具的兴起。需求侧因素为这种发展提供了必要条件，而非充分条件。需求侧因素必须加上供给侧因素，才够得成充分条件。当前局势的独一无二性在于，供给侧因素不仅出现了，而且在过去十多年里得到了迅猛发展。为什么会这样呢？

（一）首批回应者和推广者

很显然，富有冒险精神的首批回应者是一个重要的因素，他们率先对早期社会企业家的资本需求做出了回应。这种回应首先发生在发达的北半球（Global North），继而扩展到南半球（Global South）。这些早期的努力验证了如下理念的合理性：也许有可能找到一些既富创造性又切实管用的主意，不仅可以用来解决住房不足、服务落后和就业机会缺乏等问题，而且至少确保偿还本金给投资者，在很多情况下还有可能给予合理的经济回报。自此，吸引慈善资本乃至私人投资资本进入社会目标领域，成为可能。

将慈善资本和私人投资资本引入社会企业的最早实践发生在美国的住房领域。这背后的一个关键因素是，政府政策制定者出台了一系列激励措施。这些措施包括 1969 年《税法》关于慈善基金会支出要求的条款认可了基金会开展项目相关性投资，并规定，如果项目相关性投资能够促进基金会目标的实现，那么这些投资可以算作履行法定资助义务。随后，政府又出台了一系列其他的措施：1977 年的《社区再投资法》鼓励商业银行向一些在本银行有大量存款的弱势社区提供更多存款；1986 年的"低收入住房税收抵免政策"（Low-Income Housing Tax Credit，LIHTC）向低收入住房的私人投资提供税收抵免优惠；1994 年的《雷格尔社区发展和规制改进法》（Reigle Community Development and Regulatory Improvement Act）培育了社区发展金融机构的网络，以引导银行、保险公司和其他金融机构的资金投入到社区住房和社区发展项目中。

总而言之，这一系列的政策不仅有助于激励一大笔私人投资资金流入全美弱势社区的低收入住房和社区发展项目，而且有助于培养一大批善于利用私人投资资源服务社会目标活动的专业人才和组织。[12]

像低收入支持公司（Low Income Support Corporation，LISC）、企业基金会（Enterprise Foundation）之类的组织涌现出来，致力于对接资金的提供者与低收入住房和社区发展项目的开发商。

另外一些早期回应者包括卡尔弗特基金会和睿智基金。成立于1988年的卡尔弗特基金会是由卡尔弗特投资公司（一个社会责任型互惠基金公司）、福特基金会、麦克阿瑟基金会和莫特基金会联合创办的；成立于2001年的睿智基金则是在洛克菲勒基金会的支持下创办的。这两个早期回应者属于我们上文所谓的社会影响力资本聚合机构，它们先从机构和个人社会投资者那里筹集资金，再将这些资金投到美国和全球其他地方的一些具有发展潜力的社会企业中。卡尔弗特基金会目前已经筹集到2亿美元的资金，并将它们投资到全美50个州和其他100个国家的250家社区组织。而睿智基金也筹集到6900万美元的投资资本，用于投资8个国家的63家社会企业，创造大约5.5万个工作岗位。[13]

与美国的社区发展金融机构网络和类似的社区发展投资机构一道，这些早期的回应者不仅向成长中的社会企业提供了紧缺的投资资金，而且还做出了很多重要的贡献：首次展示了创新举措的巨大潜力，造就了一批善于利用创新思路来解决贫困等问题的倡导者。睿智基金将上述创新思路称为"富有想象力的商业化解决方案"，这些解决方案由"先锋企业家"开创，并得到了"愿意接受传统金融家无法接受的风险/收益比率的投资者"的支持。[14]不仅如此，这些早期回应者还成为其他国家类似政策创新的原型。例如，2002年英国出台了《社区投资税收减免方案》（Community Investment Tax Relief Scheme），由此催生了一批与美国类似的社区发展投资机构。

（二）新理念：金字塔底层的财富

供给侧的第二个重要发展推动了首批回应者的工作，颇为有趣的是，这个发展兴起于理念世界（realm of ideas）。实际上，这再度验证了柏拉图的著名论断——"理念统治世界"。近年来，引发社会目标活动融资革命的最重要原因之一就是，人们对致贫原因和扶贫方式进行了概念重构（reconceptualization）。这场概念重构的先锋是小额信贷产业，之后又因穆罕穆德·尤努斯（Muhammad Yunus）获得诺贝尔和平奖而引发公众的广泛关注，最后被 C. K. 普拉哈拉德转变为一股强而有力的思潮。

"理念统治世界。"——柏拉图

从很多方面来看，小额信贷都是一个老故事，但也是一个反复被遗忘的故事。这个故事的最早版本是，18 世纪约拿汉·斯威夫特（Jonathan Swift）创建了爱尔兰信贷基金（Irish Loan Fund）。它的第二个版本是，20 世纪 70 年代孟加拉国和其他地方推行了小规模贷款试验。也是在这个时候，小额信贷实现了一个基本概念上的突破：它表明，穷人与其说是一种负担，不如说是一种资源，如果善加利用这个资源，就可以创造经济增长和财富。在小额信贷的例子中，善加利用的做法是这样的：找到一群贫困潦倒却渴望改善生存条件的文盲妇女，将她们分成若干小组，用成员压力（peer pressure）替代实物或金融抵押品来确保小额周转贷款的资金安全，而小组中的每个妇女都可以利用小额周转贷款的资金创办某种可以产生收入的微型企业，从而帮助她们不仅实现经济上的自给自足，而且有能力还本付息。

最终让"穷人是一种资源"的概念变得广为人知的是一本书。

最终让"穷人是一种资源"的概念变得广为人知的，并非穆罕穆德·尤努斯及其格莱珉银行（Grameen Bank）所获得的国际声誉，也非安信永国际和吉娃（Kiva）等早期资本聚合机构在金融领域的扩张，而是密歇根大学企业战略学教授、印度裔学者 C. K. 普拉哈拉德的一本书——《金字塔底层的财富》（The Fortune at the Bottom of the Pyramid）。在这本标题显眼的著作中，普拉哈拉德提出，使小额信贷获得成功的背后逻辑不仅适用于向农村居民提供的小额信贷，还可以应用到赤贫人口所必需的各种产品和服务，也就是说，投资者和企业家即使以远低于当前价格的低廉价格来提供这些产品和服务，还是能够获得利润。[15] 普拉哈拉德表明，这个魔法是有可能奏效的。由于向贫困地区输送产品和服务存在一定的困难和危险，因此贫困地区通常缺乏能够压低产品和服务价格的竞争市场。这相当于，金字塔底层的消费者被征收了一笔"罚金"。故而，比起富裕的消费者，金字塔底层的消费者不得不为这些产品和服务支付更高的价格。普拉哈拉德继续论证，通过设计恰当的产品和分销渠道，以使那些需要各种产品但常常为此支付高昂价格的消费者轻易购买到这些产品，聪明的企业家便可以利用"金字塔底层罚金"（bottom-of-the-pyramid penalty）来改善这些金字塔底层居民的生活条件和经济状况，同时还能收回成本和获得些许利润。

（三）新玩家/新思维

"金字塔底层的财富"的理念正好与供给侧的第三个重要因素不谋而合：一群被马修·比夏普（Matthew Bishop）和迈克尔·格林（Michael Green）称为"慈善资本家"（philanthrocapitalists）的新行动主体出现在了慈善领域——这是一群从事互联网行业的年轻百万富翁和亿万富翁，他们少年得志，发家很早，并将慈善视为一条回报社会和在不同领域创造价值的途径。比尔·盖茨（Bill Gates）无疑是这个群体的典型代表，他首先大胆决定退出微软公司的日常管理工作，然后创办了一家大型基金会，将其精力和智慧转移到解决贫困和疾病的世界性难题上。e-Bay 公司的创始人杰弗里·斯科尔（Jeffrey Skoll）和皮埃尔·奥米迪亚（Pierre Omidyar）以及社会企业的早期支持者是这个群体的另一些榜样。查理·克莱斯奈（Charly Kleisner）也属于这个群体，他的 KL·菲利西塔斯（KL Felicitas）基金会是基金会扮演慈善银行角色的典范。[16]

克莱斯奈认为，这群投资者的动力源自一种"高度的责任感，即用我们创造的财富去做一些有意义的事情"和一种激情，即试图将一种曾让他们在商业世界大获成功的创业风格引入新的社会目标领域。[17]因此，在这群投资者中，很多人对传统慈善（至少是他们理解的传统慈善）并不满意，他们决心要改革传统慈善，要让慈善"成为'战略性的''有市场意识的''结果导向的''基于知识的''高度参与的'，并且能使捐赠者的钱获得最大的'杠杆'效应"。[18]正如马修·比夏普和迈克尔·格林所说的："作为富有创业精神的'慈善企业家'（philanthropreneurs），他们喜欢支持那些利用创新办法解决社会问题的社会企业家"，而且乐于（实际上是坚持）运用金融工具，后者将现代企业金融的活力和杠杆特征引到慈善世界。

新一代的商学院学生都深受社会企业和社会影响力投资的影响。

并非只有互联网百万富翁摇身变成那种具有信仰并决意将其注意力、才华和资源用于解决世界性问题的慈善资本家。人口统计学家在完全不同的两代人身上发现了一些类似的情趣，这两代人分别是 X 一代（Generation X，1961 ~ 1981 年之间出生）和千禧一代（Millennials，1982 ~ 2001）。与其婴儿潮时期出生的父辈不同，出生在这两个时代的大部分人都试图更好地平衡工作和生活的其他方面，而且展示出非凡的激情和理想主义。[19]

无论这些人口统计学特征是真是假，强有力的证据已经表明，新一代的商学院学生和近期毕业生都深受社会企业和社会影响力投资的影响，他们拒绝仅仅关注收入最大化的职业，而希望将他们的商业技能应用到具有显著社会意义的活动之上。净影响力组织（Net Impact）就是一个鲜明的例子，它是一个具有 20 年历史的年轻专业人士组织，自称是"一个由 3 万名创客组成的共同体，致力于通过我们的工作来解决世界上最棘手的问题，表明创造一种不仅赐福底层民众，而且惠及全人类的净影响力"。[20]在我们这个全球化的世界里，净影响力组织的业务遍及全球，号称有 300 家学生分会和专业人士分会。

具有讽刺意味的是，2008 年金融危机及其引发的衰退似乎使怀有这种情趣的人士大为增加。各个领域的高净值人群和夫妻档投资者突然发现，他们的财富在一夜之间就大幅缩水了。这一冲击的经济影响如何，不得而知，但是其心理影响确实较大。如果财富这么容易消逝，也许没有必要将积累财富当作一生都值得去追求的最高人生目标。也许可以用一部分财富来做点善事，为这个世界创造更多的真正价值，同时也给自己带来更多的满足感，尤其是在做善事不仅能确保回本，甚至可以获得合理回报的情况下。

金融危机之后这种想法有多普遍，我们难以精确估计，但是家族理财办公室和高净值人群的顾问们对社会影响力投资的兴趣暴涨，确是事实。此外，华尔街、伦敦金融城和其他金融中心在金融危机过程中进行大量裁员，几千名老练的金融专家或志愿或被迫考虑另谋出路，由此转入社会资本投资领域。一批经验丰富的专业人才已经被这个高压力、快回报的金融行业弄得精疲力竭，迫切希望将其才能和知识运用到一个能够带来更多个人满足感的领域中。毫不奇怪，相当多的这类人才选择进入日益扩张的社会影响力资本聚合机构。

瑞士出生的投资研究员帕夏·巴赫蒂亚尔（Pasha Bakhtiar）是此类职业转型的典型代表。他在 1998 年跨入传统的投资银行业，并取得了MBA 学位，看上去正顺顺当当地走在这条收入不菲的职业道路上，甚至还在 2007 年赢得了《机构投资者》（Institutional Investor）杂志颁布的"财富管理新星"奖。但是，在 2010 年，也就是全球金融危机爆发后不久，巴赫蒂亚尔离开了传统的投资银行业，与人合办了一家社会影响力投资企业——柳树影响力投资公司，致力于为那些"承诺在遵循商业规则的同时，创造积极的、可持续性的和可展示的社会和环境影响力"的营利性企业筹集资金。[21]

金融危机……使社会影响力投资看起来挺靠谱的。

（四）金融危机：受限的投资选择

金融危机及其后的经济衰退也直接促进社会资本市场供给侧的发展：金融危机使社会影响力投资看起来挺靠谱的，因为社会影响力投资在危机中成为最赚钱的投资类型之一。当然，这不是因为社会影响力投资的回报有了大幅增加，而是因为其他类型投资的回报下降了。随着全球股票市场动荡不安，金融行业正在经历一场快速"脱媒"（disintermedia-tion）的过程，各种投资工具——从美国国债到定期存款——的利率都直线下降至历史低位。在这种情况下，社会影响力投资依然能够提供 3%~4% 的回报，其违约率也比之前评价最好的垃圾债券和金融衍生品要低得多，因而顺理成章地成为最具吸引力的投资选择之一。传统金融市场的危机一直延续了 4 年多之久。2013 年一开年，许多基金经理和投资者就抱怨自己正在承受"受虐投资者综合征"（battered investor syndrome）的煎熬，因为那一年，资本市场的年利率仅仅为 0.5%，两年期定期存款的利率不到 1%，10 年期美国国债的利率不到 2%，而全球股票市场回到 5 年前的水平。[22] 与此同时，2010 年的社会影响力投资达到 25 亿美元，2011 年则达到 44 亿美元。毫无疑问，社会影响力投资的增加明显得益于传统投资渠道的收益率降低。甚至像摩根大通集团之类备受尊重的投资公司也报告说，社会影响力投资的预期和实际收益均符合相关市场基准。[23]

（五）基础设施

这些最初的回应者及其较早的追随者通力合作，一道创建了可用于支持慈善新前沿的基础设施。诚然，如前所述，在世纪之交，一批强大的基础设施组织已经出现在这个领域。机会金融网络、社会投资论坛、扶贫协商集团、项目相关性投资者网络、"为使命付出更多"、小额信贷投资交易所和国际小额信贷投资者协会等都是在过去 10～20 年间成立的，致力于促进那些在社会投资领域崭露头角的新行为主体和新工具。

虽然慈善新前沿涌现了大量的基础设施组织，但是在 2007 年和 2008 年，洛克菲勒基金会召集一些基金会、发展机构和私人金融机构召开了一系列重要的会议，得出的结论依然是，仍旧需要在领域建设方面做出更加广泛的努力，唯有如此才能将这些多样而分散的倡议凝聚在同一面旗帜之下，并将使领域摆脱两位学者称为"缺乏协调的创新"的状态。[24] 这些会议的结果是，2009 年成立了另一个基础设施组织——全球影响力投资网络（GIIN），而且获得了洛克菲勒基金会、摩根大通集团和美国国际开发署的巨额资助。

全球影响力投资网络的主要任务是，创建关键的基础设施，提升实践水平，构建共同的话语和激励有关领域建设的研究，从而推动社会影响力投资产业的发展。如前所述，为了完成上述任务，它创建了一个由世界各地最主要影响力投资者组成的"投资者理事会"；制定了所谓的"影响力报告与投资标准"，其中包含一系列内容广泛的指标，可供社会影响力投资者用来衡量其投资的社会绩效；建立了一个影响力投资基金的在线数据库"ImpactBase"，用于推动从事相近业务和身处相邻区域的基金开展合作；开展各种外联工作来提供本领域的知名度和鼓励本领域的扩张，比如，研究如何将社会影响力投资打造成一种具备自身技能要求、组织结构、度量标准、行业团体、教育培训的"资产类别"。[25]

技术让资本供给者能够在社会企业家需要的时候将资本有效地送到他们面前。

（六）技术

慈善新前沿的兴起和成长很大程度上得益于过去 20 年通信技术的巨大进步。这一技术让资本供给者能够在社会企业家需要的时候将资本有效地送到他们面前，同时也使卡尔弗特基金会、睿智基金等机构能够将众多面额小到 20 美元的资金汇集成大额的投资组合资金。此外，新技术还显著地消减了导致"金字塔底层罚金"的一个重要诱因，从而使投资者和社会企业家直接接触金字塔底层消费者。在这个过程中，新技术使各种金字塔底层商业模式（BOP business models）具备了前所未有的可行性。正如丘吉尔（Churchill）和彼得森（Peterson）在本书姊妹篇的第 17 章所说的，由于移动电话、智能卡和新型支付系统的普及，小额信贷的供应商得以接触金字塔底层市场里的广大消费者。如果没有技术进步，吉娃（Kiva）、公益网（Network for Good）之类的在线捐赠和投资门户网站是不可能产生的。

三　小结

我们有理由相信，最近发生在慈善领域的变化并非一时狂热所致，乃是一些重要的深层次力量推动的结果。此外，这些力量对这个新兴市场的供需两侧都产生了影响：在需求方面，它们创造了对这种变化的强烈需求；在供给方面，它们催生了可以满足这一需求的人才和资金。

诚然，其中一些力量发生作用的时间是相当短暂的。比如，人们可以预期到，全球金融市场将在某个时间点上恢复常态。然而，另一些力量看起来会更加持久一些，例如，人们对金字塔底层市场的新热情、基金会对利用杠杆手段撬动自身资源的兴趣、力求在解决社会和环境问题中发挥积极作用的新思维与新行动主体，以及将社会影响力投资塑造为一种资产类别的努力。

但是，这并不意味着，慈善新前沿的前进道路会一帆风顺，没有障碍。恰好相反，前行之路还面临着多种重大障碍。下面我们就将讨论这个话题。

第五章　尚存的障碍

讨论至此，本书已经描绘了一系列发生在慈善和社会投资领域的积极变革。不仅如此，本书还探讨了一些正在驱动上述变革并使其具有可持续性的深层次力量。这些力量可以帮助全世界数百万弱势群体的生活获得巨大的突破，而后者正是上述变革所承诺的目标。

慈善新前沿的发展仍然面临重重障碍。

但是，如果认识不到慈善新前沿的发展仍然面临重重障碍，那么这些发展将不会有机会走得很远。这些障碍多种多样，其中 5 种必定会遇到，需要特别引起重视。

一　好事也有代价：新前沿的规范性意涵

要充分认识到，分配社会目标资源的核心决策责任已经从慈善基金会和政府项目官员身上转移到私人部门的投资经理身上，这一转移带来的投资焦点转变和对量化导向的重视必然会影响到慈善资源的分配结果。简而言之，责任主体的转移、资源分配标准和社会目标领域的变化必将产生新的赢家和新的输家。并非所有的变化都如慈善新前沿的倡议所宣称的那样，可以为社会目标活动提供最佳的服务。

正如迈克·爱德华兹（Mike Edwards）在本书姊妹篇第 20 章第 1 节中所说的，绩效衡量会使某些类型的干预措施比其他类型的措施具有天生的优势，但它们并不一定总会带来最佳的社会影响力。例如，影响力测量往往具有短期化的性质，测量周期极少超过 1 年或 2 年。但是，重大的社会变革常常需要 5 年或 10 年的时间。难道我们真的想让自己受制于这种体制性地让最有可能带来长期变革的倡议处于不利地位的评价体系吗？

> 弱势群体生活状况的根本改善通常不是源于某些特定服务的提供，而是来自不平等权力结构和机会障碍的消除。

此外，慈善新前沿的投资导向和对衡量的重视为某些服务活动提供了优势——向人们提供卫生保健、食物或电力。不过，以往的经验业已表明，弱势群体生活状况的根本改善通常不是源于某些特定服务的提供，而是来自不平等权力结构和机会障碍的消除，而后者需要依靠强有力的倡导行动。美国的民权运动（civil rights movement）就是一个鲜活的例子。民权组织并没有向非洲裔美国人提供任何住房、卫生保健或者教育。换言之，它们不会对社会影响力投资者产生什么吸引力，因为这些社会影响力投资者执迷于将社会影响力的有形表现视为衡量成功的主要标准。但事实却是，它们最终对数百万非洲裔美国人的生活机会产生的影响要远远胜过任何有着 2 年或 4 年高效表现的服务提供组织。然而，幸运的是，那个时候，一些有远见的基金会和有良知的个人愿意支持这种可以为成千上万非洲裔美国公民打开机会之门的倡导行动。对"新前沿"现象的宣传和热情是不是将太多的注意力和资源从类似的倡导行动中转移了出去？事实上，人们仍然需要利用这些倡导行动来打破不平等的权力结构和机会障碍。如果不能处理好这个难题，社会影响力投资运动就很容易与它自己声明的社会变革动机相冲突。

二　社会影响力测量的难题

利用市场手段追求社会目标任务必然会带来使命偏离的风险。防范这种风险的一种途径是，为社会目标任务建立一套与财务绩效标准一样严格的绩效标准。值得称赞的是，新社会影响力投资运动的倡导者们认识到建立社会目标绩效标准的必要性，并在绩效标准开发方面做出了很多努力。但正如这个领域的杰出领导者布莱恩·特雷尔斯泰德（Brian Trelstad）所说的，迄今为止的这些努力仍然处在"一次遥遥无期的探索"中。[1]尽管囊括了经济、社会和环境因素的"混合价值"（或混合回报）这个概念具有令人信服的逻辑，但是它依旧仅是一个强有力的隐喻，因为没有任何工具能够可靠地衡量慈善投资的混合回报，当然也没有工具可以比较不同干预措施的相对混合回报。

　　寻找一种可靠的方式来测量社会影响力，充其量还只是一项"正在开展的工作"。

迄今为止的工作大都关注的是，制定一个可以衡量社会、环境和经济绩效的通用指标体系。在这些指标体系中，最具雄心的要算影响力报表和投资标准（Impact Reporting and Investing Standards，IRIS），它是全球影响力投资网络在洛克菲勒基金会的支持下研发出来的。该体系包括了 400 多个指标，而社会影响力投资者可以通过这些指标展示其投资所取得的社会、环境和经济绩效。然而，就像前文曾指出的，这些体系存在一个困境：为了更好地反映社会绩效，就设置了很多不同的指标，于是绩效测量体系就变得像小学生绘画比赛一样，奖项多得可以确保每个小孩都能带一张奖状回家。

　　为了避免上述问题，影响力报表和投资标准的研发者联手 B 实验室（B-Lab）共同为社会影响力投资项目和投资者开发了一套评级体系。B实验室是一家非营利组织，致力于识别和促进所谓的"公益企业"（Benefit Corporations）。[2]两者联合开发的这套评级体系被称为全球影响力投资评级体系（Global Impact Investing Rating System，GIIRS），其评级依据主要是企业在四个主要方面的绩效表现——企业治理、员工待遇、对环境的影响和在社区中发挥的作用（包括供应链管理模式和劳动力的多元化程度）。全球影响力投资评级体系会根据 50～120 个权重不同的问题给参评企业逐个打分，最后算出一个总分。[3]该体系与很多企业社会责任报表体系有着明显的相似之处。社会责任投资和采购运动催生了各种各样的企业社会责任报表体系。[4]

　　尽管这些探索大有希望，但是绝大多数观察者都同意特雷尔斯泰德的观点，即寻找一种可靠的方式来测量社会影响力，充其量还只是一项"正在开展的工作"。[5]此外，投资者也很少采用非财务性绩效测量指标。

索恩利（Thornley）和戴利（Dailey）在 2010 年提到，极少证据表明，绝大多数投资者在其年度报告中会汇报非财务绩效，而有汇报非财务性绩效的投资者也基本以逸闻趣事作为主要汇报内容。[6]奥唐诺休（O'Do-nohue）等学者也发现了类似的情况，在他们调查的一组"影响力投资者"里，只要 2% 采用了第三方影响力测量体系，剩下最多的也只是采用了它们自创的或者投资对象使用的测量体系。[7]

影响力投资者很少采用非财务性绩效测量指标的做法很容易理解，因为非财务性绩效测量确实太过复杂、昂贵和主观，但是这样做或许会将这个领域引到错误的方向。很多社会目标活动的近距离观察者赞许一种我称之为"谷歌会如何做"的测量方法。谷歌通常会这样做：关注用户，通过询问投资受益者来评价影响力。[8]与此不同，社会影响力投资领域的知名专家们往往推荐他们称之为"以投资者为中心"的方法来构建社会影响力测量体系。然而，当标准的财务性绩效测量压过不确定性和成本较高的非财务性绩效测量时，一些关于社会影响力的错误主张和一种严重偏离使命的可能性就会侵占脆弱的社会影响力投资领域。实际上，这样的问题已经出现在社会企业领域。最近一份针对美国 25 家社会企业的调查发现，有 22 家正面对企业使命和股东需求之间的"激烈矛盾"，其中 2 家社会企业创造的财务绩效最优秀，但偏离其社会使命也最严重，因为它们减少了倡导的时间，抛弃了最贫困也是成本最高的顾客，并将主要精力聚焦在最有潜力产生收入的活动。[9]

三　仍是一个小而精的行业

除了尚未让怀疑者信服社会影响力之外，社会影响力投资运动也没能将自己成功地"推销"给主要受众，即主流的机构投资者。比如，养老基金、保险公司、主权财富基金和大型企业。[10]当然，这个方面也取得了一定的进展。根据摩根大通集团社会金融部门和全球影响力投资网络提供的最新数据，新增的社会影响力投资从 2010 年的 25 亿美元和 2011 年的 44 亿美元上升到 2012 年的 80 亿美元，预计 2014 年有望上升到 91 亿美元。[11]此外，就如先前论及的，新型的筹资中介机构正在全球范围内兴起。

社会影响力投资运动尚未将自己成功地"推销"给主要受众，即主流的机构投资者。

虽然上述进展让人印象深刻，但我们仍需清醒地看到：美国商业银行的资产有 14.442 万亿美元，80 亿还不到它的 5‰；美国互惠基金的资产有 7.963 万亿美元，80 亿还不足它的 1‰；美国养老基金的资产有 6.08 万亿美元，80 亿只比它的 1‰略高一点点。[12]而这还仅仅只是美国资本市场的情况。世界经济论坛（World Economic Forum）发布于 2013 年 9 月的一份报告证实了上述的基本观点。这份报告认为，社会影响力投资对世界主流资本市场的渗透十分有限，这可能会让社会影响力投资运动沦为"一场炒作"或一时风尚。[13]

正如玛丽·汀格萨尔（Mary Tingerthal）在本书姊妹篇第 14 章所说的，低收入住房和社区发展金融的倡导者们曾经梦想利用资产抵押证券这一极具前景的工具来为振兴衰败社区提供融资，但是直到目前，这个梦想还"远未实现"。[14]即便是在吸引了大量私人部门资金的国际小额信贷领域，利用"证券化"债务这一工具来放大资源的能力仍然非常弱小：就全球而言，小额信贷投资中介机构掌控的 42 亿美元中只有 12%，全部未偿付的小额信贷中只有不到 1%，被打包成债务证券销售给投资者以便重新获得资金来发放更多的小额信贷。

倘若将所有在投资中采用某种环境、社会和治理标准的实体涵盖在内，"可持续与责任投资"（sustainable and responsible investing）的子领域已经达到相当大的规模。最新的数据显示，美国已经有 3.7 万亿美元的资产按照可持续与责任投资的标准进行管理。[15]不过，这种方式并未特别强调，要利用资产达到社会和环境目标。即便如此，它也只占美国金融机构全部金融资产的 2.6%。

社会影响力投资的进展如此缓慢，其背后的原因不难发现，事实上，本书从一开始就已经对此做过说明。文献中反复提及的原因包括：很多社会企业相对不够成熟；很多管理团队缺乏经验；一些投资工具比较新颖和陌生；由于缺乏成熟的退出机制，投资的流通性还存在很大的不确定性。其他原因还包括：难以避免的国家风险因素、汇率风险因素，高昂的交易成本，以及投资回报确切数据的缺乏。不难看出，社会金融至今仍然是一个美国联邦储备银行官员大卫·埃里克森所谓的"小而精的行业"（boutique business）。而在最近一份摩根大通集团针对影响力投资者所做的调查中，3/4的调查对象认为，这个行业尽管在"成长"，但仍然还处于"婴儿期"。[16]

四　交易量难题

另一个制约社会影响力投资市场增长的因素不是源于市场供给侧的投资者沉默，而是出于市场需求侧的投资对象缺乏。这是怎么回事呢？毕竟，前文曾经提及，发展中国家约有3.65亿~4.45亿家微小中企业，其中70%需要却无法获得外部资金，而这还没有包括这些国家里的大量非正式企业。那么，为什么这些企业的资本需求没能传达到资源日益丰富的资本市场呢？

> 社会资本市场的低下效率、部分投资对象的技能不足与金字塔底层生意的极度困难等因素交织在一起，共同限制了投资需求。

一般来说，有三个主要原因可以解释这种表面上自相矛盾的现象。第一个原因是社会资本市场的效率低下。长期以来，社会资本市场就是碎片化的、互不关联的和规模相对较小的，因而也使很多社会企业很难进入该市场。即便有了新技术的帮助，但是4亿多需要资本的小企业与少数几家供给资本的社会资本聚合机构在地理、物理、观念和心理上的差距简直要以光年来衡量。再加上尽职调查和促进交易的昂贵成本，不难看出为什么在需求明晰的情况下交易量会寥寥无几。

为什么影响力投资者们仍然将"缺乏优质投资机会"视为他们面临的两个最严峻的挑战之一？对于这个问题的第二种解释认为，比起市场的低下效率，部分投资对象的技能不足更值得重视。[17]从事社会目标活动的实体一般都是非营利组织、小型家庭企业、基于信仰的慈善机构、合作社、互助社和无惧无畏的个体社会企业家。在这些实体的所有者或经营者中，很少有人学习过基本的金融知识。冒险基金（Venturesome）最近发布的一份报告归纳了这个群体缺乏金融技能的各种表现形式：很多人不能清晰地区分运营收入和投资资本，不能精准地识别自己的融资需求，不懂各种可资利用的金融工具，不知道如何将不同来源的资金整合成可管理的融资方案。[18]基本金融知识的缺乏形成了一道鸿沟，横亘在倾向于进行小额交易的资本寻求者与习惯于操作巨量交易的潜在资本提供者之间。让人惊讶的是，那些试图创建社会影响力投资产业的人在刚开始引入新投资者的时候忽视了这道鸿沟。[19]

影响力投资市场交易量不足的第三个解释或许是最言之有理的。简单地说，交易量太少，是因为在金字塔底层市场做生意非常困难，想要一边坚守有意义的社会目标，一边赚取利润，就更加困难了。哈维·柯（Harvey Koh）及其同事们很好地研究了上述情形，他们描述了企业在金字塔底层市场中探索新商业模式时通常会遇到的"沉重负担"：

> 它们必须通过艰难的方式来开发和改善自己的商业模式，在一个斤斤计较、利润微薄的市场里杀出一条血路。它们在寻找生路的过程中不可避免地要遭受失败和挫折。它们还经常不得不花费重金来教育顾客了解"外力推动型"解决方案的可能性，培训缺乏技能的供应商，并开发分散化的分销渠道来满足供应商的需求。尽管兴奋于这些商业模式的新奇性，投资者却依然被企业的风险状况搅得忐忑不安，对微薄的财务回报也难提兴趣，还一直不停地怀疑这些生意其实就是精明的非营利业务，却假冒成具有商业可行性的模式。[20]

> 社会目标市场面临的"开拓者危机"（pioneer gap）导致没有足够的交易量来吸收被抑制的社会投资资本供给。

虽然人们乐观地假设，巨量的资源随时准备涌入充满希望的金字塔底层市场，但是将这类生意发展到吸引主流资本的工作是一个漫长而曲折的过程。正如哈维·柯及其同事们所指出的，格莱珉银行自1976年成立之后花费了17年时间才达到盈亏平衡，其他生意模式的成长也同样费力劳神。睿智基金不得不花费十多年从5000家公司中挑选出65家作为投资对象，其财务回报期望按照投资标准来说是非常保守的。实际上，睿智基金的投资组合企业的平均税后利润一直是负值。这种情况不足为奇。监测集团（Monitor Group）一份关于印度的研究表明，一家普惠性社会企业往往要花费 10 年时间才能达到足以实现盈利的规模。[21]

鉴于这种情况，社会影响力投资者通常不愿意对有潜力的金字塔底层企业进行早期投资。这便带来一个典型的"搭便车"问题：尽管联合支持早期不稳定阶段的有潜力的金字塔底层企业可以让全部投资者获益，但是没有哪个投资者会有兴趣为某个有潜力的金字塔底层企业提供早期投资。因为一旦该企业的商业模式得到验证，大量竞争者就会蜂拥而至，它们只想获得早期投资的收益而不愿分担其成本。哈维·柯和他的同事们将这种现象称为"开拓者危机"，即有潜力的社会企业在关键性的初创阶段缺乏融资支持，导致没有足够的交易量来吸收被抑制的社会投资资本供给。

就像其他的"市场失灵"情况一样，这里也需要非市场化的解决方案来应对市场的不完美。传统来说，这个角色是由政府来扮演的，也即政府会提供一些所谓的集体产品，比如国防。在"开拓者危机"现象中，政府也可以扮演关键角色。举例来说，英国国际开发部（Department for International Development）为 M-PESA 移动电话电子支付系统提供了关键的早期融资。该电子支付系统让 900 万个肯尼亚居民第一次享受到金融服务。美国国际开发署也曾为加纳的清洁能源厨灶项目提供早期融资。[22]

但是，由于对成功技术或商业模式的选择存在政治风险，因而克服这种市场不完美的责任更适合由我们前文所说的"作为慈善银行的基金会"来承担。这类基金会一旦决定推动某个社会目标服务，就愿意运用自己的捐赠资金和拨款预算来撬动资源以实现最大化的影响力。哈维·柯及其同事们将之称为"企业慈善"（enterprise philanthropy），不过我们将其通俗地称为"吃了兴奋剂的项目相关性投资"（PRIs on steroids）。它主要涉及识别一些创业理念已获初步证明的极具潜力的金字塔底层企业，帮助它们确认自身产品的商业可行性，为其产品发布找准市场定位，协助它们开展初期运营，从而让企业获得逐利的私人资本投资以扩大规模。[23]这种支持既可以采取拨款的形式，也可以采取低息或无息贷款的形式，还可以采取非控制性股权（noncontrolling equity）的形式。

五　摒弃自我安慰型假设

上节的讨论认为，那些具有潜力的、正在运转的慈善新前沿也许正在接近梦想成真的一刻。本节提及的很多发展变化也充盈着热闹和希望。做好事和把事情做好之间的长期紧张关系似乎也神奇般地得到缓解；追求社会和环境目标的活动似乎也可以实现市场回报利率；私人投资市场似乎可以取代政府和私人慈善机构成为社会目标投资资金的主要来源；一个社会目标金融的时代即将到来。

> 社会影响力投资的三个自我安慰型假设……现在遭遇了严峻的挑战。

上述论断毋庸反驳。实际上，本书及其姊妹篇所描述的这些发展变化仍然保持着良好的势头和广阔的前景。但是，慈善和社会投资的新前沿已经足够成熟，能够认识到前路依旧坎坷艰辛。尤其是，有三个自我安慰型假设曾经将社会影响力投资与慈善领域的一些其他创新吹嘘得天花乱坠，不过它们现在遭遇了严峻的挑战，除非彻底否定这三个假设。如果慈善新前沿想要发展到下一个阶段，就必须马上直面这三个假设造成的后果。

（一）传统的市场风险 - 回报比率？

关于社会影响力投资的早期文献似乎太过乐观地估计了投资回报，该领域开拓者的实际经验并不符合这种乐观的估计。诚然，有一些强大的金字塔底层企业既能创造显著的社会效益，也能带来引人注目的市场回报。但是，这些企业是在经历多年的艰辛成长之后，才获得令人们津津乐道的投资回报，真正成为成熟企业。这个漫长而昂贵的成长过程往往被低估甚至完全忽略。很多有潜力的初创企业没能熬过这个过程。凯文·斯达（Kevin Starr）曾警告："只有一个真正的底线——要么是社会影响力，要么是利润。投资者的需求会让一个组织更加关注目标群体中更有支付能力的那一部分。"不过，凯文·斯达的说法不一定适合所有情况。少数成功案例烘托出来的迷人投资者确实营造了某种预期，即可以轻易地将该领域导向既创造利润又产生社会影响力的方向。[24]

要解决上述困境，既不必放弃社会影响力投资的承诺，也不必停止动员私人投资资本服务于社会和环境目标。相反，解决上述困境的办法是，设计更加复杂的融资方案，以便在满足私人投资者财务回报需求的同时不会忽视绝大部分创业企业面临的特殊风险。

（二）政府的替代物？

这又引出慈善新前沿理念体系中的第二个自我安慰型假说。这个假设认为，社会影响力投资（即动员私人投资资本服务社会与环境目标）能够在很大程度上替代日益不足的政府资源和参与。诚然，个人主义（privatism）的意识形态在美国政治思想中有着悠久的传统，尤其是在慈善领域。[25]因此，"慈善资本主义"手册中总是贯串一个鲜明的主题：私人部门既然在经营企业和创造利润方面能够"做得比政府好"，那么在达成社会和环境目标方面也会如此。故而，在这个领域里，政府不是必需的，或者至少不需要那么多的政府干预。

> 要想驱动私人资本投资社会目标活动，需要一根撬棍。

然而，这个假设并未获得什么证据的支持。人们常说，养育好一个孩子，需要举全村之力。在社会目标投资领域，即便想要引导一点点私人资本投入社会目标活动，也需要政府所有职能部门的齐心协力。这至少是美国廉价住房和社区发展领域的经验。在所有的社会目标投资领域中，廉价住房和社区发展领域吸引了最多的私人资本，尽管总量依然不太大。为了激发和维持这些资金流，至少有 7 个政府部门采取了联合行动：美国国会、联邦储备委员会（Board of Governors of the Federal Reserve System，FRB）、联邦存款保险公司（Federal Deposit Insurance Corporation，FDIC）、货币监理署（Office of the Comptroller of the Currency，OCC）、储蓄监管局（Office of Thrift Supervision，OTS）、国内税务局（Internal Revenue Service）和财政部下属的社区发展金融机构基金（Community Development Financial Institutions Fund）。这些政府部门负责实施 4 个不同的项目，这些项目是将私人投资资本引导到内城区发展和廉价住房建设领域所必需的。上文曾提及这些项目，它们包括：《社区再投资法》，旨在鼓励银行对贫困社区进行投资；"低收入住房税收抵免政策"，旨在向低收入住房领域的投资者提供税收抵免；"社区发展金融机构基金"，旨在支持社区发展金融机构的全国网络；《新兴市场税收抵免政策》（New Markets Tax Credit），旨在向贫困地区的投资者提供税收优惠。

　　就像我们曾经谈过的，在英国、第三世界国家等其他地方，公共部门的资助或其他形式的援助（无论是直接提供的还是通过多国开发银行提供的）在推动私人部门投资者参与社会目标活动方面也发挥了与美国政府同等重要的作用。要想驱动私人资本投资社会目标活动，需要一根撬棍，而制造这根撬棍所需的权威和资源只有政府才能动用。没有人会质疑私人资本能够和正在扮演关键的角色，同样的，也没有人会天真地指望私人部门能够包打天下。

（三）告别传统慈善？

　　最后，由上面的分析可知，传统慈善将伴随社会影响力投资的兴起而销声匿迹的预测显然夸大其词了，就像马克·吐温还没有去世却被别人早早颁布讣告一样。正如前文有关"开拓者危机"和复杂融资"份额"的讨论所表明的，社会影响力投资的新世界需要传统慈善的旧世界的帮助，才能获得成功。它们之间谁也离不开谁。

　　这并非说，传统慈善如果继续按照传统方式进行运作，就能发挥最大的补益作用。相反，传统慈善如果想要在新兴的社会目标金融的新世界中继续占有一席之地，就必须做出改变。传统慈善必须像催化剂一样促成更加复杂的资助联合体。传统慈善必须联合其他资助机构，无论是公共的还是私人的。传统慈善还必须将传统的拨款工具与自己的其他资源、其他机构的资源结合起来，利用杠杆作用撬动更多资源来应对世界面临的各种严峻问题。在慈善领域和其他领域，"单打独斗"（either-or）的局面必须被"携手合作"（both-and）的局面所取代。

第六章 对策：前行之路

前文清楚地表明，慈善新前沿许下了令人憧憬的承诺，要为解决当前世界面临的一系列社会、经济和环境问题提供强大的动力。当然，慈善和社会投资新前沿提供的解决方案可能并不适用于所有问题或所有场合。例如，最近的一项研究认为，要想社会影响力投资发挥作用，必须满足四个关键条件：（1）问题必须达到一定规模，以至于政府或慈善部门无力单独解决；（2）必须存在一个切实可行的市场化解决方案，或者至少可以预期会出现这样的解决方案；（3）主流私人投资者尚未深度参与其中；（4）市场化的解决方案在道德上必须是可以接受的。[1] 显然，并非所有的全球挑战，甚至包括其中最为严峻的挑战，都能符合上述全部标准。不止如此，即便那些符合上述全部标准的挑战也很难一劳永逸地解决，因为很多新技术本身还存在问题：它们的复杂性吓退了许多潜在的参与者，衡量有效社会影响的标准尚未完善，很少有投资者能够耐心熬过十分漫长的社会目标投资的理念验证（proof-of-concept）阶段。

> 虽然存在障碍和限制，但是在慈善新前沿采取进一步的积极行动依然充满前景。

尽管存在诸多限制，观察者还是识别出了不少可以让新行动主体和新工具充分发挥潜力的领域，而且每隔一段时间就会发现一些新的此类领域。这样的领域包括住房、卫生保健、教育、公用事业、农业、金融服务和保险。这些领域产生了低价太阳能电池板、组合式房屋（modular housing）、廉价眼镜、可重复使用的卫生巾、清洁能源厨灶等极富想象力的产品,不仅改善了低收入人群的生活,而且为投资者和企业家创造了适度的利润。简而言之,虽然存在障碍和限制,但是在慈善新前沿采取进一步的积极行动依然充满前景。

但是,应该采取何种形式的鼓励措施?基于本书的讨论,下面6个步骤尤其值得关注。

一 构念

我们必须让更多的人看清和理解"慈善新前沿"正在发生的巨大变化和发展。这些本书试图描绘的变化和发展不仅散乱不堪,而且各不相同。因而,人们很容易只见树木不见森林,根本无力领会这片茂密广博的森林。将这些变化和发展囊括到一起,并找到一种方法将它们有条有理地表达出来,是让各个利益相关者——个人投资者、投资经理、金融机构、社会企业家、慈善机构、非营利组织管理者和普通公众——赞赏这些巨变并积极参与其中的第一步。本书及其姊妹篇系统地鉴别和分析了各种正在兴起的新行为主体和工具。我们希望,它们不仅可以帮助达成构念(Visualize)这些变化和发展的目标,而且能够推动相关的实践行动。

二 宣传

对于提高人们对慈善新前沿的认知度来说,构念只是第一步。我们需要把慈善新前沿的信息带给各种利益相关者群体,因为这些群体对该领域的发展具有决定性的影响。为此,我们还需要进行更强有力的教育工作和领域拓宽工作。

诚然,就参与机构的数量而言,慈善新前沿的某些子领域已经达到了相当大的规模。可持续和责任投资论坛(The Forum for Sustainable and Responsible Investing)(也即美国可持续和责任投资基金会)发现,截至2011年底,仅在美国就已经有443家机构投资者、272家投资经理和1000多家诸如社区发展金融机构、信用合作社之类的社区投资机构,将各种各样的环境、社会和企业治理(ESG)标准应用到它们的投资分析和投资组合选择之中,其中有200家机构在2010~2012年间曾就上市公司的企业责任议题单独或联合提出股东会决议。[2]

尽管获得了大量的时间和资源，但是这个领域仍然……远未成为主流慈善和大部分私人投资的常规选择，而且除了最勇敢无畏的非营利探索者之外，其他所有非营利探索者几乎对该领域也一无所知。

虽然上述数据令人印象深刻，但是仅仅这些数量尚不足以形成气候，特别是考虑到可持续和责任投资运动已经开展了四十多年之久，而且与本书提到的一些更加直接的社会影响力投资形式相比，它的操作难度还不算大。尤其是，基金会对可持续和责任投资的参与度很低。按理说，基金会本来就属于追求社会目标的机构，应该积极运用社会、环境和良好企业治理的筛选标准来构建自己的投资组合。然而，美国可持续和责任投资基金会发现，全国 76545 家基金会中只有 95 家（不到基金会总数的 1‰）公开宣布在其投资中运用了社会、环境和企业治理的标准。其结果是，5902 亿美元基金会总资产中只有 603 亿美元（约为资产总额的 10％）明确按照社会、环境和企业治理的标准进行管理。[3]

此外，本书概括的有关慈善新前沿的知识，即便是基金会、投资经理、养老金、互惠基金公司和非营利组织等关键利益相关者也最多只是了解一星半点。在慈善新前沿的诸多发展中，社会影响力投资尤其需要加强宣传和提高认知度。举例来说，世界上最大的投资专业人士协会——特许金融分析师协会（CFA Institute）在 2013 年做的一项调查表明，2/3 被调查的财务咨询师坦承自己不知道什么是"影响力投资"。[4]简而言之，尽管获得了大量的时间和资源，但是这个领域仍然是一片遥远的次大陆，远未成为主流慈善和大部分私人投资的常规选择，而且除了最勇敢无畏的非营利探索者之外，其他所有非营利探索者几乎对该领域也一无所知。

为了改善上述情况，必须将慈善新前沿的信息传播到更多的参与者和观察者，就像世界经济论坛最近的一份文件所说的，要把关于新工具和新行动主体的知识"从边缘带到主流"。[5]为此，不仅需要将新知识渗透到主流的学术领域中，以便让新一代的非营利组织管理者、投资经理和基金会官员能够接受这些知识的培训，而且需要一批新型"主流信息传递者"，它们就像"管道"一样能够"从具有远见卓识的实践中吸取经验教训，并将这些教训传达给更广泛的受众"（这是该领域的两位杰出倡导者所说的）。[6]这也是本书为自己设定的任务，很多拓展领域的工作可以从本书得到启发，其他的相关著作也将帮助本书达成该任务。

三 激励

最近的研究考察了一些新兴形式的慈善和社会投资的早期历史，得出了一个关键结论，即要想利用新工具既为弱势群体和贫困地区创造有意义的社会、经济和环境效益，又吸引到私人投资者的参与，就要一直关注信用增级、监管规定、税收优惠等激励手段的重要性。小额信贷的漫长孕育时期、大部分金字塔底层产品在商业化之前面临的"开拓者危机"，以及用于激励私人投资资本流入美国廉价住房领域的一连串监管规定、税收优惠和拨款，都有力地说明慈善新前沿的发展需要吸引私人投资者之外的其他行动主体。这些行动主体已经在最近关于社会影响力投资的宣传中成为主角。

从某种意义上来说，在过去五六年里，有关社会影响力投资的修辞都是在兜圈子。起初，市场导向型新工具的倡导者极力主张，用新兴的、市场导向型的社会投资工具替代日渐式微的政府和传统慈善来解决社会和环境问题；最近，他们终于认识到，政府和传统慈善机构对于确保市场导向型工具获得成功来说，不仅是重要的，而且是"倍加重要"的。[7]为了引进私人投资资本和开展复杂项目，复杂的融资"垛"（funding "stacks"）也日趋重要，它可以将政府和慈善基金会提供的拨款、无抵押贷款（unsecured loans），以及各种担保、补贴和规制结合在一起。

> 在私人市场、政府和基金会的相对角色方面，社会影响力投资的修辞一直在兜圈子。

然而，为了做到这一点，政府和基金会都必须改变它们目前的惯用做法。英、美两国的政府已经开始做出改变，尽管还局限在个别领域。此外，本书列举的这些新方法还经常受到制度环境的限制。比如说，在印度，信用增级工具是不能使用的，因为信用增级旨在利用外部资源降低社会企业家的贷款利率，但是印度法律禁止外部贷款的利率低于印度银行（Bank of India）的贷款利率。另外，很多地方禁止或不鼓励营利性企业向基金会提供支持，哪怕这些企业仅仅执行基金会的社会目标使命也不行，因为这些地方的法律并未许可企业同时追求社会目标和经济回报。正如雪莉·佐川（Shirley Sagawa）在本书姊妹篇的第 24 章所主张的，非常有必要采取统一的举措，为投资社会目标活动消除法律和其他方面的障碍，构建正向激励制度。[8]

同时，也希望更多的基金会加入"慈善银行"的行列之中。本书已经在前文简要地介绍过"慈善银行"，而本书姊妹篇的第 25 章更加完整地对其进行了描述。当然，也需要基金会参与公私投资联盟（public-private investment consortia），以便充分利用它们的资产，摆脱对传统一次性拨款工具的依赖，转而依靠更广泛的行动工具。新行动主体和新工具已经使这种参与成为可能。

四 合法化

然而，为了让这些激励措施成为现实，还必须在开发社会影响力绩效标准方面取得更大的进步。社会影响力绩效标准的开发能够让政府和基金会支持各种新型社会投资的行动获得充分的合法性。由于社会影响力投资利用市场手段，并且至少可能会给一部分投资者带来符合市场利率的回报，所以其在维护公众信任方面必须比传统慈善更加小心谨慎。其他一些新形式的慈善和社会目标活动也是如此。故而，对于这些倡议来说，展示其追求社会目标的诚意将是一个持续不断且越来越难的挑战，尤其是在期待中的回报率开始兑现的时候。这一点，这些倡议的早期支持者已经清楚地认识到。[9]

> 如果这个领域真要重视非财务绩效指标，它就应该拓展其方法。

然而，迄今为止，这个领域仍未建立一家《2009 年监测研究院报告》所谓的"标准制定机构，它将有助于为影响力投资的判定设置一个标准"。[10] 就算建立了一家标准制定机构，其制定的标准也可能趋向于照搬较宽泛的企业社会责任标准，而非有针对性地制定一些标准来判定什么才算一项影响力投资。就算那些有针对性的影响力测量体系能够被识别出来，它们也不一定附属于一家致力于设置准入门槛的标准制定机构，而且其数量可能会多得数不胜数，以至于任何一项投资似乎都根据某个标准将自己证明成一项社会影响力投资。

如果这个领域真要重视非财务绩效指标，它就应该拓展其方法。一些人认为，该领域不能仅仅关注"以投资者为中心"（investor-centered）的指标，而且应该同等地关注那些与政府和私人慈善机构有关的指标，因为它们被认为是促进慈善新工具有效运作的两个主要激励来源。这可能需要更加积极地运用一些方法，将影响力投资的支持者们全部纳入绩效测量体系中，而现有的绩效测量体系尚未做到这一点。

> 为了解决交易量这个关键性难题，需要开展非常扎实的培训工作。

五　提升能力

要想兑现慈善新前沿的承诺，第五个步骤就是解决交易量这个关键性难题。为此，不仅需要对新机会进行构念和宣传，而且需要通过严格的培训使现有或潜在的企业家做好"投资准备"（investment readiness）。[11] 很多人有机会通过慈善新前沿成功获得新资源，但却缺乏行动所需的基本金融知识。这些人包括非营利组织的管理人员、社区工作人员或微型企业所有者。他们的经验基本局限在拨款型资助或小额银行贷款方面。因此，需要开展非常扎实的培训工作来帮助这些机构和个人做好准备，使他们有能力完成足够的交易，从而让新型社会投资工具通过市场测验。举例来说，英国社会投资基金"冒险基金"的一份报告总结了英国的社会投资对象在适应新金融环境时所需要面对的一系列问题。如框 6－1 所示，这些问题包括缺乏一些基本金融技能和基本金融意识。如果对这些问题听之任之，那么它们将继续阻碍社会影响力投资实现其承诺。

希望本书及其姊妹篇已经开始在补救这些缺陷。不过，要想本书及其姊妹篇所提供的知识发挥作用，还需要付出更大的努力。

框 6 – 1 潜在社会投资对象的主要知识缺口

（ⅰ）无力识别自身的融资需要；

（ⅱ）不懂得运营收入和投资资本之间的区别；

（ⅲ）不知道可以利用哪些金融工具以及每种工具的优缺点；

（ⅳ）对潜在的资本投资者所知有限；

（ⅴ）不理解拨款并非免费的午餐，而是也要花费相当的成本；

（ⅵ）缺乏足够的自信和知识把不同的投资者偏好和工具整合到同一笔交易中。

资料来源：Emilie Goodall and John Kingston，*Access to Capital*：*A Briefing Paper*（London：CAF Venturesome，2009），4，accessed February 10，2013，http：//www. marmanie. com/cms/upload/file/CAF _ Venturesome _ Access_to_Capital_0909. pdf。

六 行动

最终必须完成的艰巨任务是开展交易，挖掘各种社会创新项目的潜力，选出哪些创新项目既具备商业可行性又能产生社会或环境效益，支持这些创新项目度过危险的理念验证阶段，评估它们对资本和管理的实际需求，推动金融援助与技术援助的必要结合，从而实现这些创新项目的规模化运作。显然，完成这一系列的任务，要花费巨额的交易成本。难怪，最近一份关于社会影响力投资"行业"的现状分析报告指出，该领域面临的六大挑战之一就是如何"配置和管理资本"。[12]

社会影响力投资者仅凭自身力量，恐怕无法应对这一挑战。他们需要与其他行动主体组成联盟，分享知识，识别有潜力的投资机会，汇聚资源，分担风险，改进实践，降低交易成本。这种趋势的积极迹象已经显现出来。美国西海岸的"托尼克"联盟便是其中一个有趣的例子，它的组建正是因为一群社会影响力投资者想要共同达成上述任务。[13]监测研究院在 2009 年提出，要兑现影响力投资的承诺，必须建设一系列基础设施，比如建立一批"产业界定基金（industry-defining funds）来指导如何解决特定的社会或环境问题"，又如在"催化资金的结构"（catalytic funding structures）中配置一定数量的风险资本，以激励更多的影响力投资进入该领域。这些基础设施要么尚未出现，要么还处于酝酿阶段。[14] 显然，兑现慈善新前沿的承诺依然任重而道远，还需要继续汇聚才智和活力。

七 结论

当前，人类共同体正面临大量严峻的挑战。国家衰败（failed states）、国际恐怖主义、全球变暖、持续性贫困、森林滥砍乱伐、水资源短缺、疾病、食物短缺和青年失业等还仅仅只是现存挑战的一部分。

本书讨论的新工具和新行动主体并非解决这些挑战的万应灵药。但如果不将它们视为一种颇具潜力的解决方案，那么人类将只能面对缺乏资源和决心的凄惨图景。虽然这些新工具和新行动主体本身并不完美，但是它们有望带来大量的新资源，并将之用于解决贫困、疾病和环境恶化等世界性难题；它们可望释放运用创新办法解决社会和环境问题的新能量和新源泉；它们可望让大众参与到赠予和社会问题解决之中；它们可望建设性地推广有关社会责任的新技术和新态度，使人类获得新动力来应对耐久性问题。

无须惊讶的是，这些变化和发展甚至引起了一位年迈的、已经退休的、保守的教皇的关注，他 2009 年的教皇通谕《在真理中实践爱德》（*Caritas in Veritate*）明确指出："营利性公司和非营利性组织之间的传统区分已经不再完全符合现实情况，或者说不再能为未来提供实践指导。"[15]

本书描绘的慈善新前沿正好为上述观点提供了强有力的支持。然而，我们也绝不能忽视教皇关于人们要对这种"新的混合型现实"保持警惕的告诫。与此同时，我们也不能排斥利润，而要像教皇教诲的那样，确保利润成为"实现人类和社会目标的一种手段"。这就是慈善新前沿为我们所做的期许，也是本书及其姊妹篇试图达成的愿景。在这个资源趋紧、期望降低的时代，无论结果是好还是坏，这都是我们所能拥有的最具实现可能的希望之一。

推荐书目

[1] C. K. Prahalad, *The Fortune at the Bottom of the Pyramid: Eradicating Poverty through*

Profits (Philadelphia：Wharton School Publishing, 2004).

[2] Lester M. Salamon, editor. New *Frontiers of Philanthropy：A Guide to the New Actors and Tools Reshaping Global Philanthropy and Social Invesment* (New York：Oxford University Press, 2014).

[3] Jessica Freireich and Kathryn Fulton, *Investing for Social and Environmental Impact* (n. p.：Monitor Institute, 2009).

[4] Antony Bugg-Levine and Jed Emerson, *Impact Investing：Transforming How We Make Money While Making a Difference* (San Francisco：Jossey-Bass, 2011).

[5] Lucy Carmody, Benjamin McCarron, Jenny Blinch, and Allison Prevatt, *Impact Investing in Emerging Markets* (Singapore：Responsible Research, 2011).

附　录

一　"慈善新前沿"项目的咨询委员会

弗兰克·阿特曼（Frank Altman）

社区再投资基金（Community Reinvestment Fund），总裁和首席执行官

道格·鲍尔（Doug Bauer）

克拉克基金会（The Clark Foundation），执行董事

莎丽·贝伦巴赫（Shari Berenbach）

美国非洲开发基金会（US African Development Foundation），总裁和首席执行官

露西·伯恩霍尔兹（Lucy Bernholz）

蓝图研究与设计（Blueprint Research & Design），创办者和总裁（前任）

斯图尔特·戴维森（Stuart Davidson）

拉布拉多风投公司（Labrador Ventures），管理合伙人

克里斯托弗·L. 戴维斯（Christopher L. Davis）

财富管理协会（Money Management Institute），总裁

威廉·迪特尔（William Dietel）

迪特尔合伙公司（Dietel Partners），管理合伙人

大卫·埃里克森（David Erickson）

旧金山联邦储备银行社区发展投资中心（Center for Community Development Investments，Federal Reserve Bank of San Francisco），主任

马克·J. 莱恩（Marc J. Lane）

马克·J. 莱恩财富集团（Marc J. Lane Wealth Group），创始人

马克西米利安·马丁（Maximilian Martin）

影响力经济（Impact Economy），创始人和全球总经理

克莱拉·米勒（Clara Miller）

F. B. 赫伦基金会（F. B. Heron Foundation），总裁

马里奥·莫里诺（Mario Morino）

公益创投合作伙伴（Venture Philanthropy Partners），联合创始人和董事长

小卢瑟·拉金（Luther Ragin Jr.）

全球影响力投资网络（Global Impact Investing Network），总裁和首席执行官

丽莎·里克特（Lisa Richter）

GPS 资本合伙人（GPS Capital Partners），主要负责人

杰克·西姆（Jack Sim）

世界厕所组织（World Toilet Organization），创始人

格雷格·斯坦顿（Greg Stanton）

无墙华尔街（Wall Street Without Walls），创始人

文斯·斯特勒（Vince Stehle）

媒体影响力资助者（Media Impact Funders），执行董事

卢克·塔亚特·德·博姆斯（Luc Tayart De Borms）

博杜安国王基金会（King Baudoin Foundation），总经理

米猜·威拉瓦亚（Mechai Viravaidya）

避孕套与卷心菜餐厅（Condoms & Cabbages），创始人

金伯利·赖特－沃伊里奇（Kimberly Wright-Violich）

施瓦布慈善基金（Schwab Charitable Fund），总裁（前任）

二　姊妹篇《慈善的新前沿：重塑全球慈善和社会投资的新主体和工具导论》

莱斯特·M. 萨拉蒙主编，牛津大学出版社，2014，ISBN：978019935754

目录

第三部分：新工具

11. 概述："慈善"的新工具丨小卢瑟·拉金（全球影响力投资网络）

12. 贷款、贷款担保与信用增级丨诺拉·麦克维（*Norah McVeigh*）（非营利财务基金）与朱丽亚·萨斯·鲁宾（*Julia Sass Rubin*）（罗格斯大学）

13. 固定收益证券丨莎丽·贝伦巴赫（美国非洲开发基金会）与艾丽斯·巴尔博尼（*Elise Balboni*）〔地方倡议支持企业（Local Initiatives Support Corporation）〕

14. 证券化丨玛丽·汀格萨尔，〔明尼苏达市住房金融管理局（Min-nesota Housing Finance Authority）〕

15. 私募股权投资丨莫妮卡·布兰德（*Monica Brand*）（安信永国际）与约翰·科勒（*John Kohler*）（圣塔克拉拉大学）

16. 社会影响力债券/为成功付账丨德鲁·德·格拉恩（*Drew von Glahn*）（世界银行）与卡洛琳·惠斯勒（*Caroline Whistler*）〔第三部门资本合伙公司（Third Sector Capital Partners）〕

17. 保险丨克雷格·丘吉尔与劳伦·彼得森（国际劳工组织）

18. 社会责任投资与采购丨史蒂夫·莱登伯格（*Steve Lydenberg*）〔多米尼社会投资公司（Domini Social Investments）〕与凯蒂·格瑞丝（Katie Grace）（哈佛大学）

19. 拨款丨彼得·弗鲁姆金（*Peter Frumkin*）（宾夕法尼亚大学）

第四部分：跨领域问题

20. 谁获益，谁受损？新慈善市场的不同影响丨

  · 谁获益？迈克·爱德华兹

  · 谁受损？马修·比夏普（《经济学家》）与迈克尔·格林〔社会进步促进会（Social Progress Imperative）〕

21. 慈善市场的需求侧丨阿列克斯·尼科尔斯（*Alex Nicholls*）（牛津大学出版社）与罗德尼·施瓦兹（*Rodney Schwartz*）（ClearlySo）

22. 探寻影响力：社会影响力测量的实践史丨布莱恩·特雷尔斯泰德（桥联风投公司）

23. 全球视角下的慈善新前沿丨马克西米利安·马丁（影响力经济）

24. 创造一个更良好的环境：慈善新前沿的一个政策议程丨雪莉·

佐川［美国进步中心（Center for American Progress）］

附录 A：咨询委员会

附录 B：姊妹篇《撬动公益：慈善和社会投资新前沿导论》（莱斯特·M. 萨拉蒙著）的目录

术语

参考文献

索引

注　释

第一章

［1］ "USAID and Impact Investors Capitalize New Equity Fund for East African Agribusiness," Microfinance Africa, accessed May 11, 2013, http://seed-stock. com/2011/10/05/usaid-global-impact-investing-network-join-to-create-east-africa-agricultural-investment-fund/.

［2］ 关于这个概念在社会影响力投资语境下的讨论，参见 Jessica Freireich and Kathryn Fulton, *Investing for Social and Environmental Impact* (n. p. : Monitor Institute, 2009), 33 (Cited hereafter as *2009 Monitor Report*)。

［3］ 本书的第二章和姊妹篇 (New Frontiers of Philanthropy: *A Guide to the New Actors and Tools Reshaping Global Philanthropy and Social Investing*) (Edited by Lester M. Salamon, New York: Oxford University Press, 2014) 的第 5 章更加充分地介绍了这种慈善基金会运作的非传统模式和一些开拓该模式的机构。

［4］ 引自 John Tzetzes, *Book of Histories* (*Chiliades*), trans. Francis R. Walton (Lipsiae, 1826), 2: 129 – 130。

［5］ 可以做一个比较，截至 2012 年，美国基金会持有的资产总计为 6180 亿美元，其用于慈善拨款的金额约为 450 亿美元。相较而言，美国商业银行持有的资产高达 144000 亿美元 (约为基金会资产的 25 倍)，互惠基金持有的资产共有 80000 亿美元，保险公司持有的资产为 66000 亿美元，货币市场基金持有的资产也达到 28000 亿美

元。此处所谓的"杠杆"并非指让资产负债表出现巨额债务，而是说运用慈善资源激励大量私人投资资本去追求社会和环境目标。最近的金融危机警醒我们注意过度杠杆化（over-leveraging）的危险性。但是，慈善世界的杠杆率水平真的相当低，这同样也带来了问题，那就是眼睁睁地看着社会和环境问题日趋严重。基金会的数据来自基金会中心（Foundation Center）的网站，Foundation Center, "Highlights of Foundation Yearbook," *Foundations Today Series* (2011), accessed May 10, 2013, http://foundationcenter. org/gainknowledge/research/pdf/fy2011_highlights. pdf; 其他机构数据来自美联储，转引自 US Census Bureau, *Statistical Abstract of the United States*, *2012*, accessed May 10, 2013, http://www. census. gov/compendia/statab/cats/banking_finance_insurance/financial_assets_and_liabilities. html。

[6] 根据国际小额信贷投资者协会提供的数据，"Microfinance Investment," International Association of Microfinance Investors, accessed May 11, 2013, http://www. iamfi. com/microfinance_investment. html。

[7] "About US," Aavishkaar, accessed August 12, 2012, http://www. aavishkaar. in.

[8] Grassroots Business Fund, *2011 Annual Report of the Grassroots Business Fund* (Washington, DC: Grassroots Business Fund, 2011), accessed May 11, 2013, http://gbfund. org/sites/default/files/GBF_AR_2011. pdf.

[9] "The Bamboo Finance Private Equity Group," Bamboo Finance, accessed May 11, 2013, http://www. bamboofinance. com.

[10] Small Enterprise Assistance Fund (SEAF), "Our Impact," accessed June 6, 2013, http://www. seaf. com/index. php?option = com_content&view = article&id = 36&Itemid = 82&lang = en.

[11] C. K. Prahalad, *The Fortune at the Bottom of the Pyramid*: *Eradicating Poverty through Profits* (Philadelphia: Wharton School Publishing, 2004).

[12] Lucy Carmody, Benjamin McCarron, Jenny Blinch, and Allison Prevatt, *Impact Investing in Emerging Markets* (Singapore: Responsible Research, 2011), 102.

［13］ "影响力投资"这一术语的界定之难，参见本书下文和姊妹篇第20章。

［14］ Antony Bugg-Levine and Jed Emerson, *Impact Investing*：*Transforming How We Make Money While Making a Difference* (San Francisco：Jossey-Bass, 2011), 151.

［15］ Lester M. Salamon, ed. , *New Frontiers of Philanthropy*：*A Guide to the New Tools and Actors Reshaping Global Philanthropy and Social Investing* (New York：Oxford University Press, 2014). ISBN：9780199357543。该书的完整目录和订货信息，可以参见附录B。

［16］ Christa Velasquez, "Advancing Social Impact Investment through Measurement," accessed May 11, 2013, http://www. frbsf. org/cdinvestments/conferences/socialimpact-investment/transcript/Velasquez_Panel_3. pdf.

［17］ 后文将会更加详尽地指出，马修·毕肖普（Matthew Bishop）和迈克尔·格林（Michael Green）创造了"慈善资本主义"（philanthrocapitalism）一词，旨在描述一个由比尔·盖茨等互联网富豪组成的新兴阶层已经将他们的注意力投向了慈善事业。参见 Matthew Bishop and Michael Green, *Philanthrocapitalism*：*How the Rich Can Save the World* (New York：Bloomsbury, 2008)。而"影响力投资"和"影响力投资者"这两个词则是一帮由洛克菲勒基金会召集起来的慈善家和投资者提出来的，旨在考虑如何扩大可用于支持社会和环境目标行为的资源池。

［18］ 该定义与《韦氏新世界词典》（*Webster's New World Dictionary*）中的定义是一致的。《韦氏新世界词典》将"慈善"定义为"一种帮助人类的意愿"；将"慈善的"定义为"对人类普遍福祉感兴趣"。Victoria Neufeldt, *Webster's New World Dictionary of American English*, *Third College Edition* (New York：Prentice Hall, 1991), 1014。

［19］ *Webster's New World Dictionary*, *Third College Edition*, 1272.

［20］ Frieriech and Fulton, *2009 Monitor Report*, 6.

［21］ Nick O'Donohoe, Christina Leijonhufvud, Yasemin Saltuk, Antony Bugg-Levine, and Margot Brandenburg, *Impact Investments*：*An Emerging Asset Class* (New York：J. P. Morgan, 2010), 5.

［22］ Bugg-Levine and Emerson, *Impact Investing*, 9.

［23］ Steven Godeke and Raúl Pomares with Albert V. Bruno, Pat Guerra, Charly Kleisner, and Hersh Shefrin, *Solutions for Impact Investors: From Strategy to Implementation* (New York: Rockefeller Philanthropy Advisors, 2009), 10.

［24］ Bugg-Levine and Emerson, *Impact Investing*, 9.

［25］ Freireich and Fulton, *2009 Monitor Report*, 35 – 36.

［26］ Kevin Starr, "The Trouble with Impact Investing: P1," *Stanford Social Investment Review* (January 24, 2012): 22, accessed May 11, 2013, http://www. ssireview. org/blog/entry/the_trouble_with_impact_investing_part_1.

［27］ 在最近一期 *Community Development Investment Review*（旧金山联邦储备银行主办的）的开篇论文里，索恩利（Thornley）和戴利（Dailey）呼吁人们重视他们提出的"社区影响力投资"（community impact investing）而非"影响力投资"，并以此表明他们正在关注的是"国内低收入人群的市场和以社会回报为目标的投资"。Ben Thornley and Colby Dailey, "Building Scale in Community Impact Investing through Nonfinancial Performance Measurement," *Community Development Investment Review*, 6. 1 (2010): 3。

［28］ Bugg-Levince and Emerson, *Impact Investing*, xix.

［29］ 该用法还在国际领域得到了普及。例如，英国的一家新机构"大社会资本"（Big Society Capital）将其在该领域行动称为"社会投资"（social investment）。所谓的社会投资是指"提供和运用资本来同时产生社会和经济回报"。参见 "Social Investment Is a Way of Using Capital to Generate Social Impact as well as Some Financial Return for Investors," Big Society Capital, accessed May 11, 2013, http://www. bigsocietycapital. com/what-social-investment。

［30］ 例如，前者可以参见 Rob Schwartz, *Social Investment* (London: Clearly So, 2012)；后者可以参见 Freireich and Fulton, *2009 Monitor Report*, 14。

［31］ 在美国，主要非营利服务和表意组织（nonprofit service and expressive organizations）的资金来源明细如下：10% 来自私人慈善（包括所有来源）；38% 来自政府的拨款和合同付款；52% 来自私人的服务收费和合同付款。参见 Lester M. Salamon, *America，s Nonprofit Sector：A Primer*, 3rd ed. （New York：Foundation Center, 2012）, 39。

［32］ Lester M. Salamon and Stephanie Geller, "Investment Capital：The New Challenge for American Nonprofits," *Communiqué* 5 （Baltimore：Johns Hopkins Nonprofit Listening Post Project, 2006）, 5, http://ccss/jhu. edu/publication-findings? did = 265.

［33］ Salamon and Geller, "Investment Capital," 8.

第二章

［1］ 包括肯塔基州高地投资企业（Kentucky Highlands Investment Corporation, 1968）、马萨诸塞州资本资源公司（Massachusetts Capital Resource Company, 1977）、阿肯色州资本企业（Arkansas Capital Corporation, 1985）和堪萨斯州风险投资有限责任公司（Kansas Venture Capital, Inc. , 1987），参见 "Kentucky Highlands Investment Corporation," Rural Housing and Economic Development Gateway, US Department of Housing and Urban Development, accessed March 2, 2013, http://www. hud. gov/offices/cpd/economicdevelopment/programs/rhed/gateway/pdf/Kentucky Highlands. pdf；"Mass Capital, Company," Massachusetts Capital Resource Company, accessed May 11, 2013, http://www. masscapital. com/company/；"Company History & Information," Arkansas Capital Corporation Group, accessed May 11, 2013, http://arcapital. com/programs/our-history/；"Kansas Venture Capital, Inc. （'KVCI'）," Kansas Venture Capital, Inc. , accessed May 11, 2013, http://www. kvci. com/。我要感谢贝尔登·丹尼尔（Belden Daniel），他让我注意到了这些早期实体。

［2］ 这些政策主要包括："低收入房税收抵免政策"（Low-Income Housing Tax Credit），旨在为私人投资低收入住房提供税收激励；"1977年社区再投资法"（1977 Community Reinvestment Act），该法以管制的形式规定，银行如果要开设分行，就必须在其吸纳存款的低收入

社区进行投资；对所谓的社会发展金融机构（比如一些旨在改善低收入个人和社区的经济条件的金融机构）进行税收和拨款补贴。对这些发展的深入讨论，参见 David Erickson, *The Housing Policy Revolution* (Washington, DC：Urban Institute Press, 2008)；and Lean Benjamin, Julia Sass Rubin, and Sean Zielenbach, "Community Development Financial Institutions：Expanding Access to Capital in Under-served Markets," in *The Community Development Reader*, ed., James DeFilippis and Susan Saegert (New York：Routledge, 2008)。

[3] 关于将"影响力投资"视为一种"资产类别"的讨论，参见 O'Donohoe et al., *Impact Investment*, 6。

[4] CGAp, "The History of Microfinance," prepared for CGAP UNCDF donor training, "The New Vision of Microfinance：Financial Services for the Poor," accessed June 11, 2013, http://www. slideshare. net/JosephSam/the-history-of-microfinance-cgap. Cited in Lisa Richter, "Capital Aggregators," Chapter 2 in Salamon, *New Frontiers of Philanthropy.*

[5] "CDFI Data Project," Opportunity Finance Network, accessed February 13, 2014, http://www. opportunityfinance. net/industry/default. aspx? id = 234; see also O'Donahoe et al., *Impact Investments*, 80 – 81.

[6] 这些概念最先是由弗赖雷克（Freireich）和富尔顿（Fulton）提出来的。参见 Freireich and Fulton, *2009 Monitor Report*, 32。也可参见 Thornley and Dailey, "Nonfinancial Performance Measurement," 6。

[7] 本图改编自弗赖雷克和富尔顿撰写的《2009 年监测研究院报告》第32 页的一张图。不过，弗赖雷克和富尔顿假设，所有社会影响力投资者拥有相同的经济回报和社会影响力期望。实际上，我们有理由质疑这个假设，因为对于两类投资者来说，同时满足社会回报底线和经济回报底线的象限是存在的，但是剩余的象限数量更多，对于整个领域而言，这些象限才是最值得分析的。

[8] "About Us," Acumen Fund, accessed August 18, 2012, http://acumen. org/.

[9] 例如，柳树影响力投资公司自称追求"这样一种投资战略，即在对那些可以提供实在而正面的环境影响力或社会效益的企业进行投资

的同时，寻求获得市场利率或更高的回报"。这家企业将自己的"主要目标"界定为"在最大化社会和环境影响力的同时，向我们的投资者提供丰厚而可持续的经济回报"。"Investment Policy," Willow Impact Investors, accessed March 2, 2013, http://www. willowimpact. com/about-us/company/investment-policy. html。

[10] Adam Gromis, Impact Exchange Manager, e-mail to author, September 4, 2012。也可参见 Jasmin Saltuk, Amit Bouri, and Giselle Leung, *Insight into the Impact Investment Market: An In-Depth Analysis of Investor Perspectives and over 2200 Transactions* (London: J. P. Morgan Social Investment, 2011), 8。

[11] Richter, "Capital Aggregators."

[12] "Global Trends in Clean Energy Investment: Q4 2009 Clean Energy Fact Pack," New Energy Finance, accessed May 11, 2013, http://www. newenergyfinance. com.

[13] O'Donohoe et al., *Impact Investments*, 6.

[14] Carmody et al., *Impact Investing in Emerging Markets*, 10; O'Donohoe et al., *Impact Investments*, 34 – 35; Saltuk, Bouri, and Leung, *Impact Investment Market*, 24 – 27.

[15] 关于"证券化"工具的讨论，可参见 Chapter 14 by Mary Tingerthal in Salamon, *New Frontiers of Philanthropy*。

[16] David J. Erickson, "Secondary Markets," Chapter 3 in Salamon, *New Frontiers of Philanthropy*.

[17] "Quick Facts," Community Reinvestment Fund, accessed September 1, 2012, http://www. crfusa. com/AboutCRF/Pages/QuickFacts. aspx.

[18] "Flexible Capital Access Program (Flex Cap): Investment Summary," Habitat for Humanity International, accessed May 11, 2013, https://www. missioninvestors. org/system/files/tools/Habitat% 20for% 20Humanity% 27s% 20FlexCAP% 20summary. pdf.

[19] "Fact Sheet," Blue Orchard, accessed May 11, 2013, http://www. blueorchard. com/jahia/webdav/site/blueorchard/shared/Publication% 20and% 20-Resources/BlueOrchard% 20Factsheets/0907_Fact% 20sheet% 202009_EN. pdf.

［20］ Durreen Shahnaz and Robert Kraybill, "Social and Environmental Exchanges," Chapter 4 in Salamon, *New Frontiers of Philanthropy*.

［21］ World Bank, *State and Trends of the Carbon Market* (Washington, DC: World Bank Group, 2011), 9, accessed May 11, 2013, http://siteresources. worldbank. org/intcarbonfinance/Resources。关于最新趋势的讨论,例如 2013 年欧洲议会没有因为价格下降而放缓新许可的发放速度,参见 Stanley Reed and Mark Scott, "In Europe, Paid Permits for Pollution Are Fizzling," *New York Times*, April 22, 2013, B1。

［22］ Evan Weaver, "Marrying Cash and Change: Social 'Stock Markets' Spread Worldwide," *Christian Science Monitor*, August 30, 2012, accessed November 15, 2013, http://www. csmonitor. com/World/Making-a-difference/Change-Agent/2012/0830/Marring-cash-and-change-Social-stock-markets-spread-worldwide.

［23］ Carmody et al. , *Impact Investing in Emerging Markets*, 60.

［24］ "The IDB Group: Your Partner for Impact Investing in Latin America and the Caribbean," IDB Group, accessed May 11, 2012, http://idbdocs. iadb. org/wsdocs/getdocument. aspx? docnum = 36886146.

［25］ "About Us," NESTA, accessed May 11, 2013, http://www. nesta. org. uk/about_us; Robert Hutton, "Cameron Open $1 Billion Big Society Bank to Fund Charities," Bloomberg, April 4, 2012, accessed May 11, 2013, http://www. bloomberg. com/news/2012 – 04 – 03/cameron-opens-1-billion-big-society-bank-to-fund-charities. html; "How We Are Funded," Big Society Capital, accessed May 11, 2013, http://www. bigsocietycapital. com/how-we-are-funded.

［26］ 最近的一项预测表明,在美国,符合这类筛选标准的基金会资产已经达到 600 亿美元,约为基金会总资产的 10%。该比例虽然还比较小,但一直在不断增长。US SIF, Forum for Sustainable and Responsible Investment, *Report on Sustainable and Responsible Investing Trends in the United States: 2012* (Washington, DC: US SIF, 2012), 54。关于社会责任投资的详细介绍,可参见本书姊妹篇第 18 章。

［27］ 例如,美国的法律规定,基金会必须至少支出其资产价值的 5% 在

拨款或为支持其核定慈善目标而产生的行政成本上面。

［28］ Lester M. Salamon and William E. Burckart, "Foundations as Philan-thropic Banks," Chapter 5 in Salamon, *New Frontiers of Philanthropy*.

［29］ 托马斯·冯·戴克（Thomas van Dyke）和莎丽·贝伦巴赫（Shari Berenbach）帮助我识别了其中的一些机构。

［30］ 有关从事项目相关性投资的基金会和最近采取该形式的法定支出的数据来自 Steven Lawrence, "Doing Good with Foundation Assets: An Updated Look at Program-Related Investments," in *The PRI Directo-ry*, 3rd ed., Foundation Center（New York: Foundation Center, 2010）, xiii。美国私人基金会的总数量来自 Foundation Center, *Foundation Yearbook*（New York: Foundation Center, 2010）。为了推广项目相关性投资机制的使用，美国国内税务局（Internal Revenue Service）最近发布了一份拟议的规则，这份规则提供了很多符合该局要求的项目相关性投资案例。Internal Revenue Service, "Notice of Proposed Rulemaking: Examples of Program-Related Investments REG-144267 – 11," in *Internal Revenue Bulletin: 2012 – 2021*, May 21, 2012, accessed April 13, 2013, http://www. irs. gov/irb/2012 – 21_IRB/ar11. html。

［31］ Lisa Hagerman and David Woods, "Enterprise Brokers," Chapter 6 in Salamon, *New Frontiers of Philanthropy*.

［32］ 关于这些"新型能力建设者"的详细描述，可参见 Melinda Tuan, "Capacity Builders and Venture Philanthropy," Chapter 7 in Salamon, *New Frontiers of Philanthropy*。

［33］ Christine Letts, William Ryan, and Allen Grossman, "Virtuous Capital: What Foundations Can Learn from Venture Capitalists," *Harvard Busi-ness Review*（March-April 1997）: 36 – 46.

［34］ Edna McConnell Clark Foundation "How We Work," accessed May 11, 2013, http://www. emcf. org/how-we-work/.

［35］ "About Us," New Profit, accessed May 11, 2013, http://newprofit. com/cgi-bin/iowa/about/9. html.

［36］ European Venture Philanthropy Association, *European Venture Philan-*

thropy Directory 2010/2011（Brussels：European Venture Philanthropy Association，2010），15。不像它们的美国同行，欧洲的公益创投组织兼具了美国公益创投组织（总是将自己的功能限制在拨款资助）和"作为慈善银行的基金会"（广泛使用各种各样的金融工具）的属性。

［37］"About，" The Hub，accessed October 20，2012，http：//www. the-hub. net/about.

［38］"About，" Opportunity Finance Network，accessed October 12，2012，http：//www. opportunityfinance. net/about.

［39］"About Us，" UN PRI，accessed October 20，2012，http：//www. up-pri. org；"About Us，" Social Investment Forum，accessed October 20，2012，http：//www. socialinvest. org.

［40］"About Us，" CGAP，accessed October 20，2012，http：//www. cgap. org/p/site/c/aboutus/.

［41］"What's New in Mission Investing，" Mission Investors Exchange，accessed October 20，2012，http：//www. moreformission. org；"About Mission Investors Exchange，" Mission Investors Exchange，accessed October 20，2012，http：//www. missioninvestors. org/about-us；"The Origins of Mission Investors Exchange，" Mission Investors Exchange，accessed October 20，2012，http：//www. missioninvestors. org/about-us/origins-mission-investors-exchanges.

［42］Freireich and Fulton，*2009 Monitor Report*，12.

［43］O'Donohoe et al.，*Impact Investments*，17.

［44］关于这些实体的详细信息，参见 Vince Stehle，"On-Line Portals and Exchanges，" Chapter 8 in Salamon，*New Frontiers of Philanthropy*。

［45］Markets for Good，*Upgrading the Information Infrastructure for Social Change*（Summer 2012），11，accessed May 11，2013，http：//www. marketsforgood. org/wordpress/wp-content/uploads/2012/11/Markets for Good_Information-Infrastructure_Fall-2012_. pdf.

［46］"About，" Kiva，accessed October 20，2012，http：//www. kiva. org/about/stats.

［47］ "TechSoup Global by the Numbers, Quarterly Report, October 2010," TechSoup Global, accessed May 11, 2013, http://www. techsoupglobal. org/press/selectcoverage.

［48］ "Our 2011 Annual Report Infographic," VolunteerMatch, accessed October 23, 2012, http://blogs. volunteermatch. org/engagingvolunteers/ 2012/06/25/our – 2011-annual-report-infographic-the-story-of-you/.

［49］ 关于这些实体的详细介绍，参见 Rick Cohen, "Corporate-Originated Charitable Funds," Chapter 9 in Salamon, *New Frontiers of Philanthropy*。

［50］ "2011 Donor-Advised Fund Report," National Philanthropic Trust, accessed May 11, 2013, http://www. nptrust. org/images/uploads/2011% 20Donor-Advised-FundReport%281%29. pdf.

［51］ 对企业发起型慈善基金的早期批评集中在，它们被法律定位为公共慈善机构（public charities），而非基金会，由此回避了一些与基金会有关的法律限制。比如，法律要求基金会每年必须至少将自身资产的 5% 用于拨款。但是，就像科恩（Cohen）指出的，较大规模的企业发起型慈善基金已经建立了促进拨款支出稳定化的内部程序，而事实也表明，大部分企业发起型慈善基金的拨款支出都符合法律对基金会的相应要求。

［52］ 该部分的讨论主要借鉴自 Lester M. Salamon, "Privatization for the Social Good: A New Avenue for Global Foundation-Building", in *The Privatization Barometer*（July 2010）, 48 – 54; and Lester M. Salamon, *Philanthropication thru Privatization: Building Assets for Social Progress*（New York: East-West Management Institute, 2013）。Available at http://bit. ly/1brWDcL。

［53］ 其他此类基金会包括德国联邦环境基金会（Deutsche Bundesstiftung Umwelt）、巴登 – 符腾堡州州立基金会（Landesstiftung Baden-Wurtemberg）和创新基金会（莱茵兰 – 普法尔茨州）［Stiftung Innovation（Rhineland-Palatinate）］。

［54］ Salamon, *Philanthropication thru Privatization*.

［55］ 例如，1990 年，意大利将 88 个非营利的小型准公共储蓄银行转制

为股份公司，并把国有部分的股份所有权让渡给了 88 个基金会，
这些基金会是由改制前储蓄银行的慈善部门改制而来的。由于银
行之间战略整合与兼并频仍，这些基金会在 1994 年获准出售自己
的股份，其价值超过 240 亿欧元（按当时的汇率计算，约为 310 亿
美元）。自此之后，这些"脱胎于银行的基金会"的资产进一步增
值，并产生了一场慈善革命，即将意大利从一个慈善的死水塘变
成了全球一流的慈善国家之一（根据慈善捐赠的人均规模来衡
量）。截至 2008 年，意大利"脱胎于银行的基金会"的总资产已
经超过 500 亿欧元（约为 650 亿美元）。其中最大的两家基金会是
嘉利堡基金会（Fondazione Cariplo）和圣保罗银行基金会（Com-
pagnia di San Paolo），它们的资产在 2008 年均超过了 90 亿欧元
（约为 120 亿美元），远远超过了洛克菲勒基金会（2008 年的资产
约为 31 亿美元）、福特基金会（美国的第二大基金会，2008 年的
资产约为 91 亿美元）等美国主要基金会。美国基金会的数据来源
于 Foundation Center, *Foundation Yearbook：Facts and Figures on Pri-*
vate and Community Foundations, *2008 Edition*（New York：Foundation
Center, 2008），18。福特基金会的数据来源于"About," Ford
Foundation, accessed February 6, 2010, http://www. fordfound. org/a-
bout。

新西兰在更早的时候有过一个几乎相同的经历，那时一大批非营
利储蓄银行被转制为股份公司，其国有股份被划给一个由 12 家社
区信托基金组成的网络。最近，美国营利性企业开始收购非营利
的健康保险机构和医院，这个过程创造了近 200 家所谓的转制型健
康基金会，包括总资产高达 33 亿美元的加州捐赠基金会（Califor-
nia Endowment）。详细的论述可以参见 Grantmakers in Health, "A
Profile of Foundations Created from Health Care Conversions," 2009, ac-
cessed November 15, 2013, http://www. gih. org/files/usrdoc/2009_Con-
version_Report. pdf。

[56] 关于这些资助联合体的详细讨论，可参见 Angela Eikenberry and Jes-
sica Bearman, "Funding Collaboratives," Chapter 10 in Salamon, *New*
Frontiers of Philanthropy。

［57］ "Global Gathering," TONIIC, accessed October 19, 2012, http://toni-
icglobalgathering. eventbrite. com/.

［58］ "History," Living Cities, accessed October 19, 2012, http://www. liv-
ingcities. org/about/ history/.

［59］ "About," Angel Investors Network, accessed October 19, 2012, http://
www. angelinvestors. net/about.

第三章

［1］ 有关各种行动工具（包括各种金融工具）在政府领域的运用的研
究，可以参见 Lester M. Salamon, *The Tools of Government*: *A Guide to
the New Governance* (New York: Oxford University Press, 2002)。

［2］ Lawrence, "Doing Good," xvi.

［3］ Sarah Cooch and Mark Kramer, "Compounding Impact: Mission Investing
by US Foundations," FSG Social Impact Advisors, 2007, 17, accessed
November 15, 2013, http://www. cdfifund. gov/what _ we _ do/resources/
Compounding%20Impact%20 Mission%20Investing%20by%20US%20Foun-
dations. pdf.

［4］ Saltuk, Bouri, and Leung, *Impact Investment Market*, 11 – 12。然而，
两年后的跟踪调查显示，宣称正在使用私募股权工具的影响力投资
者的比例达到83%，而宣称正在使用债务工具的影响力投资者的比
例则为66%。不过，该调查并未提供这两类投资的具体数据。参见
Yasemin Saltuk, Amit Bouri, Abhilash Mudaliar, and Min Pease, *Per-
spectives on Progress*: *The Impact Investor Survey* (London: J. P. Morgan
Social Finance, January 2013), 9。

［5］ Norah McVeigh and Julia Sass Rubin, "Loans, Loan Guarantees, and
Credit Enhancements," Chapter 12 in Salamon, *New Frontiers of Philan-
thropy*。该文详细讨论了贷款和信用增级的特征和运作方式。

［6］ "USAID, Global Impact Investing Network Join to Create East Africa Agri-
cultural Investment Fund," Seed Stock, accessed May 11, 2013, http://
seedstock. com/2011/10/05/usaid-global-impact-investing-network-join-to-
create-east-africa-agricultural-investment-fund/.

［7］进一步的讨论，可以参见 Alex Nichols and Rod Schwartz，"The De-mand Side of the Philanthropic Marketplace，"Chapter 21 in Salamon，*New Frontiers of Philanthropy*。

［8］Financial Markets Series，*Bond Markets 2011*（London：The City UK，2011），1，accessed May 11，2013，http://www. thecityuk. com/assets/Uploads/BondMarkets2011. pdf.

［9］想要深入了解债券在社会影响力投资中的运作和使用，可以参见 Shari Berenbach and Elise Balboni，"Fixed-Income Securities，"Chapter 13 in Salamon，*New Frontiers of Philanthropy*。

［10］"Bonds，"IFFIm，accessed May 11，2013，http://www. iffim. org/bonds/.

［11］"Community Investment Note，"Calvert Foundation，accessed May 11，2013，http://www. calvertfoundation. org/invest/how-to-invest/commu-nity-investment-note.

［12］一些证券化交易使用一种名为担保债务凭证（Collateralized Debt Obligation，CDO）的金融工具而非债券充当从投资者手中筹集资金的媒介手段。担保债务凭证可以由多种类型的贷款支持，而且可以分成多个"份额"进行销售，不同的"份额"有着不同的到期日、利率和风险。有关社会目标领域的证券化的详细讨论，可以参见 Tingerthal，"Securitization，"in Salamon，*New Frontiers of Philanthropy*。

［13］有关股权和准股权（quasi-equity）的详细讨论，可以参见 Monica Brand and John Kohler，"Private Equity Investments，"Chapter 15 in Salamon，*New Frontiers of Philanthropy*。

［14］Cooch and Kramer，Compounding Impact，17。随后，基金会中心对74 家使命投资基金会进行了研究，结果发现，一半的使命投资基金会正在进行使命相关性的股权投资，但大部分针对的是上市股票，尽管 1/3 的使命投资基金会认为，私募股权投资才比较适合小型社会企业。Steven Lawrence and Reina Mukai，*Key Facts on Mis-sion Investing*（New York：Foundation Center，2011），3。

［15］Saltuk，Bouri，and Leung，*Impact Investment Market*，11.

［16］ Saltuk et al. , *Perspectives on Progress*, 9.

［17］ Joshua Humphreys, "Sustainability Trends in US Alternative Investment," US SIF Foundation：Forum for Sustainable and Responsible Investment, 2011, 3, accessed October 19, 2012, http：//www. investorscircle. net/accelsite/media/3195/Sustainability% 20Trends% 20in% 20US% 20Alternative% 20Investments% 20Report. pdf.

［18］ 一个名为社区发展风险投资联盟的行业协会支持着这类风险资本基金。

［19］ "Equity Investments," Kentucky Highlands Investment Corporation, accessed November 3, 2012, http：//www. khic. org/equity. html。同类基金的另一个例子是 CEI 风投公司（CEI Ventures），它是一家拥有 26 年历史、总部位于缅因州威斯卡西特的社区发展金融机构的一个营利性子公司。该公司也对一些专门向新英格兰北部低收入人群提供高质量工作的潜力股企业进行股权投资。该公司的"沿岸风投基金 II"（Coastal Ventures II fund）从 30 家机构和个人投资者手中筹集到了 2000 万美元的资金，用于对一些致力于"销售社会有益型产品和服务，为妇女和少数民族提供机会，推行环境友好型商业实践，以及促进贫困和农村社区繁荣"的企业进行股权投资。"Overview," CEI Ventures, accessed November 3, 2012, http：//www. ceiventures. com/。

［20］ "About Us," Aavishkaar, accessed November 4, 2012, http：//www. aavishkaar. in/about-us/.

［21］ Humphreys, "US Alternative Investment. "

［22］ 关于股权投资的这些特征和其他特征，可以参见 Monica Brand and John Kohler, "Private Equity Investments," Chapter 15 in Salamon, *New Frontiers of Philanthropy*。

［23］ 关于"社会责任投资和采购"工具的详细讨论，可以参见 Steve Lydenberg and Katie Grace, "Socially Responsible Investing and Purchasing," Chapter 18 in Salamon, *New Frontiers of Philanthropy*。

［24］ US Social Investment Forum Foundation, *Sustainable and Responsible Investing Trends*, 11; Eurosif, *European SRI Study：2012*（Brussels：Eurosif, 2012), 63, accessed May 11, 2013, http：//www. eurosif. org/research/eurosif-sri-study/sri-study-2012.

［25］ Social Enterprise UK, *Fightback Britain：A Report on the State of Social Enterprise Survey 2011* (London：Social Enterprise UK, 2011), 15.

［26］ "配对交易市场" 就是一个私人交易平台，一般由一家投资公司负责运作。通过这个平台，社会目标投资者可以将自己的股份卖给其他打算进行社会目标投资的投资者。英国的道义物业公司 (Ethical Property Company, EPC) 便是一个典型例子。该社会企业向英国的社会目标组织提供办公空间。它收购物业的资金来自出售股份所得的股权资金。不过，它的股份并不能在伦敦证券交易所 (London Stock Exchange) 或另类投资市场 (Alternative Investment Market) 进行销售。该社会企业的 1357 名股东是通过一个配对交易市场买到他们的股票的。这个配对交易市场由布鲁因·多尔芬证券经纪公司 (Brewin Dolphin) 的一个部门——Stocktrade 进行管理。Stocktrade 处理所有交易，并负责采取一切合理的手段为道义物业公司和其他也使用这种方法进行融资的社会企业匹配股权购买者和销售者。"How to Invest," Ethical Property, accessed November 4, 2012, http：//www. ethicalproperty. co. uk/howtoinvest. php。

［27］ "Investment Approach," Aavishkaar, accessed November 4, 2012, http：//www. aavishkaar. in/about-us/investment-approach/.

［28］ 关于 "准股权" 的详细讨论，可以参见 Brand and Kohler, "Private Equity Investments," in Salamon, *New Frontiers of Philanthropy*。

［29］ 关于 HCT 集团的信息，可以参见 "Welcome to HCT Group," HCT Group, accessed November 4, 2012, http：//www. hctgroup. org。

［30］ 关于社会影响力债券或 "为成功付账" 的详细情况，可以参见 Drew van Glahn and Caroline Whistler, "Social Impact Bonds/Pay-for-Success," Chapter 16 in Salamon, *New Frontiers of Philanthropy*。

［31］ 该项目的目标是，将这类罪犯 60% 的再犯率降下来，由此为政府节省数百万英镑。获得投资的社会部门组织会提供综合性康复治疗服务，如果该干预行动能够成功地将服刑 1 年后释放的罪犯的再犯率降低至少 7.5%（与控制组相比较），那么投资者将拿回本

金和 2.5% 的利润。如果干预效果超过这个预期值，那么投资者得到的回报将更多，上限是 13%。参见 Social Finance, *A New Tool for Scaling Impact：How Social Impact Bonds Can Mobilize Private Capital to Advance Social Good*（Boston：Social Finance, 2012），accessed November 4, 2012, http://www. socialfinance. org. uk/resources/social-finance/new-tool-scaling-impact-how-social impact-bonds-can-mobilize-private-capita;"Home," Social Finance, accessed November 4, 2012, http://www. socialfinance. org. uk。

[32] 人力资源拓展研究公司（MDRC）是一家位于纽约的就业与培训机构，它将负责管理这个项目，并向一组具体执行该项目的非营利组织支付款项。高盛集团负责向人力资源拓展研究公司提供资金。如果高盛集团想要实现盈亏平衡，该项目就必须把干预对象的再犯率降低 10%（与一个控制组相比）。项目越成功，节约的资金就越多，高盛集团获得的回报也便越大。"Mayor Bloomberg, Deputy Mayor Gibbs, and Corrections Commissioner Schriro Announce the Nation's First Social Impact Bond Program," City of New York, Office of the Mayor, accessed November 4, 2012, http://www. nyc. gov/ html/index. html。

[33] Jim Roth, Denis Garand, and Stuart Rutherford, *The Landscape of Microinsurance in the World's 100 Poorest Countries*（Appleton, WI：Microinsurance Center, 2007）.

[34] 关于国际劳工组织的小额保险创新机构（Microinsurance Innovation Facility），可以参见"Microinsurance Innovation Facility," International Labour Organization, accessed May 11, 2013, www. ilo. org/microinsurance。For a broader discussion of microinsurance, see Chapter 17, "Insurance," by Craig Churchill and Lauren Peterson, in Salamon, *New Frontiers of Philanthropy*。

[35] Swiss Reinsurance Company, *Microinsurance—Risk Protection for 4 Billion People*（Zurich：Swiss Re, 2010）；Craig Churchill and Michael J. McCord, "Emerging Trends in Microinsurance," in *Protecting the Poor：A Microinsurance Compendium*, Vol. 2, ed., Craig Churchill and

Michal Matul（Geneva：International Labor Organization and Munich Re Foundation，2012）．

［36］ 这里提到的各种创新，可以具体参见 Churchill and Matul，*Protecting the Poor*。

［37］ 关于这些创新的详细讨论，可以参见 Chapter 17 in Salamon，*New Frontiers of Philanthropy*。

［38］ O'Donohoe et al.，*Impact Investments*，5.

［39］ 有关这些做法的详细介绍，可以参见 Lydenberg and Grace，"Socially Responsible Investing and Purchasing，" in Salamon，*New Frontiers of Philanthropy*。

［40］ Eurosif，*European SRI Study*，63，欧洲可持续投资论坛认定了7种不同的社会责任投资机制，包括可持续发展主题投资、最佳投资决策、基于准则的筛选、投资范围的排他性、纳入了 ESG 要素的财务分析、可持续发展事务的参与和投票，以及影响力投资。

［41］ Eurosif，*European SRI Study*，7.

［42］ 引用自 Lester M. Salamon，*Rethinking Corporate Social Engagement：Lessons from Latin America*（Sterling，VA：Kumarian Press，2010），33。

［43］ 例如，可以参见 David Vogel，*The Market for Virtue：The Potential and Limits of Corporate Social Responsibility*（Washington，DC：Brookings Institution Press，2005），37。

［44］ 这里的讨论大量借鉴了 Peter Frumkin，"Grants，" Chapter 19 in Salamon，*New Frontiers of Philanthropy*。

［45］ McKinsey and Company，*And the Winner Is…Capturing the Promise of Philanthropic Prizes*（n. p.：McKinsey and Co.，2009），16.

第四章

［1］ Lester Brown，*World on Edge：How to Prevent Environmental and Economic Collapse*（New York：W. W. Norton，2011）．

［2］ Brown，*World on Edge*，PowerPoint presentation available at "Books，" Earth Policy Institute，accessed April 14，2013，http：//www. earth-policy. org/books/wote.

［3］ Landon Thomas, Jr., "As the Bailouts Continue in Europe, So Does the Flouting of Rules," *New York Times*, November 29, 2012, B3.

［4］ David Jolly and Jack Ewing, "Unemployment in Euro Zone Reaches New High," *New York Times*, November 30, 2012, accessed May 11, 2013, http://www.nytimes.com/2012/12/01/business/global/daily-euro-zone-watch.html.

［5］ Salamon, *America's Nonprofit Sector*, 39.

［6］ David Bornstein, *How to Change the World: Social Entrepreneurs and the Power of New Ideas* (New York: Oxford University Press, 2004), 1.

［7］ Lester M. Salamon, "The Rise of the Nonprofit Sector," *Foreign Affairs* 73.4 (July-August, 1994): 109 – 122.

［8］ 关于此类行动者的例子，可以参见 Bornstein, *How to Change the World*, for examples of such actors。关于"全球结社革命"，可以参见 Salamon, "The Rise of the Nonprofit Sector"。

［9］ 可以参见：Carlos Borzaga and Jacques Defourny, *The Emergence of Social Enterprise* (London: Routledge, 2001); Alex Nichols, *Social Entrepreneurship: New Models of Sustainable Social Change* (Oxford: Oxford University Press, 2006); Dennis R. Young, Lester M. Salamon, and Mary Clark Grinsfelder, "Commercialization, Social Ventures, and For-Profit Competition," in *The State of Nonprofit America*, 2nd ed., Lester M. Salamon (Washington, DC: Brookings Institution Press, 2012)。

［10］ Peer Stein, Tony Goland, and Robert Schiff, *Two Trillion and Counting: Assessing the Credit Gap for Micro, Small, and Medium-Size Enterprises in the Developing World* (n.p: International Finance Corporation and McKinsey & Company, 2010), 1.

［11］ O'Donohoe et al., *Impact Investments*, 39.

［12］ 尽管只有 3‰ 的基金会——7.5 万多家基金会里只有不到 200 家——在最近一年内开展过项目相关性投资，只有 8‰ 的基金会慈善资助采用项目相关性投资的形式，但是事实仍然是，项目相关性投资培育出了一大批擅长在低收入住房、社区发展、少数族裔住房等社会目标领域开展慈善投资的基金会。开展项目相关性投

资的基金会数量和利用项目相关性投资进行慈善资助的份额的数据来自 Lawrence，"Doing Good，"xiii。美国私人基金会数量的数据来源于 Foundation Center，*Foundation Yearbook，2009*（New York：Foundation Center，2010）。由这些倡议所促成的住房政策革命的详情，可以参见 Erickson，*The Housing Policy Revolution*。

[13] "Mission and History，" Calvert Foundation，accessed January 2，2013，http://www.calvertfoundation.org/index.php?option = com_content&view = article&id = 66&Ite mid = 76；"Acumen Fund Ten Year Report，2001 – 2011，" 2011），1，accessed January 2，2013，http://www.acumenfund.org/uploads/assets/documents/Acumen%20Fund%20Ten%20Year%20Re-port%202001%20-%202011a_3wcsNw56.pdf.

[14] "About Us，" Acumen Fund，accessed December 4，2012，http://www.acumenfund.org/about-us.html.

[15] Prahalad，*Fortune at the Bottom of the Pyramid*.

[16] 对这一典范的详细描述，可以参见 Salamon and Burckart，"Foundations as Philanthropic Banks，" in Salamon，*New Frontiers of Philanthropy*。

[17] 与下列作者的个人访谈：Charly and Lisa Kleissner，and Raul Pomares，March 26，2010 and January 23，2012。

[18] Bishop and Green，*Philanthrocapitalism*，6.

[19] Atul Dighe，"Demographic and Technological Imperatives，" in Salamon，*State of Nonprofit America*；William Strauss and Neil Howe，*Millennials Rising：The Next Great Generation*（New York：Vantage，2000）.

[20] "Home Page，" Net Impact，accessed October 1，2012，http://netimpact.org/.

[21] "About Us：Our Team，" Willow Impact Investors，accessed August 10，2012，http://www.willowimpact.com/about-us/.

[22] 利率的数据来自 *New York Times*，January 4，2013，B8。"受虐投资者综合征"的评论来自 Ed Yardeni，founder of Yardeni Research，转引自 Nathan Popper，"Even with Fiscal Agreement，Investors Facing Imminent Obstacles，" *New York Times*，January 1，2013，accessed Sep-

tember 14，2013，http：//www. nytimes. com/2013/01/02/business/e-conomy/daily-stock-market-activity. html? _r = 0。

[23] O'Donohoe et al.，Impact Investments，11，31 – 34；Saltuk，Bouri，and Leung，*Impact Investment Market*，16 – 24.

[24]"Investing for Social & Environmental Impact：A Design for Catalyzing an Emerging Industry,"Monitor Institute，accessed May 11，2013，ht-tp：//www. monitorinstitute. com/impactinvesting/documents/Investing-forSocialandEnvImpact_FullReport_004. pdf.

[25] O'Donohoe et al.，*Impact Investments*，17.

第五章

[1] Brian Trelstad，"The Elusive Quest for Impact：The Evolving Practice of Social Impact Measurement,"Chapter 22 in Salamon，*New Frontiers of Philanthropy.*

[2]"公益企业"是指这样一类企业，它们符合关于企业目标、问责制和透明度的特定标准。B 实验室为这类企业提供了一套评级体系，并将"B 企业"的标签奖励给这类企业，以显示它们遵守了某一个第三方评级体系的标准。"About B-lab,"B-Lab，accessed February 5，2013，http：//www. benefitcorp. net/about-b-lab。

[3]"How GIIRS Works,"B-Lab，accessed February 5，2013，http：//www. giirs. org/about-giirs/how-giirs-works.

[4] 参见 Lyndenberg and Grace，"Socially Responsible Investing and Purcha-sing,"in Salamon，*New Frontiers of Philanthropy*。

[5] O'Donohue et al.，*Impact Investments*，72；E. T. Jackson and Associates，*Accelerating Impact：Achievements，Challenges and What's Next in Build-ing the Impact Investing Industry*（New York：Rockefeller Foundation，2012），xvi.

[6] Thornley and Dailey，"Nonfinancial Performance Measurement,"16.

[7] O'Donohue et al.，*Impact Investments*，22。更新的数据表明，非财务性影响力测量取得了一些突破性进展，但是一些调查问题的措辞让人难以全面评估这一进展。最近一份关于影响力投资者的调查发

现，只有 33% 的投资者回答说，他们认为"标准化的影响力指标"
"非常重要"，不过另外有 65% 的投资者认为这些指标"重要"或
"有点重要"。类似的，只有 30% 的影响力投资者回答说，他们会将
"第三方评级"运用到"所有的潜在投资"之上，不过另外有 60%
的投资者表示，"如果有可能"，他们会使用"第三方评级"。Saltuk
et al., *Perspectives on Progress*, 16。

[8] Lester M. Salamon, "What Would Google Do? Designing Appropriate So-
cial Impact Measurement Systems," *Community Development Investment Re-
view* 7. 2 (December 2011): 43 – 47。该方法已经被应用到社会影响力
测量领域，戴维·博布赖特（David Bonbright）将之命名为"顾客的
声音"（constituency voice），并通过一个名为"基石"（Keystone）的
组织深入发展这个方法。"Constituency Voice," Keystone, accessed
February 9, 2013, http://www. keystoneaccountability. org/analysis/con-
stituency。

[9] SEEDCO, *The Limits of Social Enterprise* (New York: SEEDCO Policy
Center, 2008).

[10] E. T. Jackson and Associates, *Accelerating Impact*, xiii.

[11] 80 亿美元的数据源于一份全球影响力投资网络和摩根大通集团对
99 个投资者所做的调查。该调查显示，截至 2012 年，这 99 个投
资者管理着 1000 万美元或更多的影响力投资资金。44 亿美元和 25
亿美元的数据来自一份摩根大通集团在 2011 年底对 52 家影响力投资
中介机构所做的类似调查。参见 Saltuk et al., *Perspectives on Progress*,
3 – 4; and Saltuk, Bouri, and Leung, *Impact Investment Market*, 5。

[12] "Federal Reserve Statistical Release, Z. 1, Flow of Funds Accounts of the
United States, March 2011," Board of Governors of the Federal Reserve
System, accessed May 11, 2013, http://www. federalreserve. gov. releases/
z1/201000311.

[13] Michael Drexler and Abigail Noble, preface to World Economic Forum,
*From the Margins to the Mainstream: Assessment of the Impact Investment
Sector and Opportunities to Engage Mainstream Investors* (Davos: World
Economic Forum, September 2013), 3.

[14] Tingerthal, "Securitization," in Salamon, *New Frontiers of Philanthropy.*

[15] US SIF Foundation, *Sustainable and Responsible Investing Trends*, 11.

[16] Erickson, "Secondary Markets," in Salamon, *New Frontiers of Philanthropy*。关于限制社会影响力投资产业发展的因素的讨论，可以参见 Katie Hill, *Investor Perspectives on Social Enterprise Financing* (London: City of London, Big Lottery Fund, Clearly So, 2011); E. T. Jackson and Associates, *Accelerating Impact*, xiv, 19 – 20。关于摩根大通集团的调查结果，可以参见 Saltuk, Bouri, and Leung, *Impact Investment Market*, 5。尽管摩根大通集团社会金融部门在 2013 年所做的一份报告指出，社会影响力投资行业正在不断取得进展，但值得注意的是：虽然 58% 的调查对象认为，"不少投资者"（more than a few investors）已经"制定了一份影响力投资战略"；但是只有 4% 的调查对象认为，"很多投资者"（many investors）这样做了。Saltuk et al., *Perspectives on Progress*, 18。

[17] Saltuk, Bouri, and Leung, *Impact Investment Market*, 4。2013 年出版的一本著作记录了一个类似的调查，该调查把一个类似的抱怨排在第二重要的位置。可以参见 Saltuk et al., *Perspectives on Progress*, 9。

[18] Venturesome, *Access to Capital*: *A Briefing Paper* (London: CAF Venturesome, 2011).

[19] E. T. 杰克逊（E. T. Jackson）在评价影响力投资产业的现状时曾谨慎地论述到这一点："影响力投资产业中的主要组织虽然非常重视与动员和配置资本有关的供给侧活动，却很少下功夫去提升企业迎接注资和有效使用资本的能力。" E. T. Jackson and Associates, *Accelerating Impact*, xv。

[20] Harvey Koh, Ashish Karamchandani and Robert Katz, *From Blueprint to Scale*: *The Case for Philanthropy in Impact Investing* (San Francisco: Monitor Group, 2012), 10, accessed February 2, 2013, http://www.mim.monitor.com/downloads/Blueprint_To_Scale/From%20Blueprint%20to%20Scale%20–%20Case%20for%20Philanthropy%20in%20Impact%20Investing_Full%20report.pdf.

［21］ Koh, Karamchandani, and Katz, *From Blueprint to Scale*, 4 – 6.

［22］ Koh, Karamchandani, and Katz, *From Blueprint to Scale*, 15 – 16.

［23］ Koh, Karamchandani, and Katz, *From Blueprint to Scale*, 18 – 19.

［24］ Starr, "Trouble with Impact Investing"; 也可以参见 Laura Hattendorf, "The Trouble with Impact Investing: P2," *Stanford Social Innovation Review* 14 (April 18, 2012), 14; Tingerthal, "Securitization"。

［25］ 参见 Lester M. Salamon, "Of Market Failure, Voluntary Failure, and Third-Party Government: Toward a Theory of Government-Nonprofit Relations in the Modern Welfare State," in Lester M. Salamon, *Partners in Public Service: Government-Nonprofit Relations in the Modern Welfare State* (Baltimore: Johns Hopkins University Press, 1995), 33 – 52。

第六章

［1］ Bugg-Levine and Emerson, *Impact Investing*, 90.

［2］ US SIF Foundation, *Sustainable and Responsible Investing Trends*, 11.

［3］ US SIF Foundation, *Sustainable and Responsible Investing Trends*, 54; "Highlights of Foundation Yearbook, 2011 Edition," Foundation Center, accessed February 10, 2013, http://foundationcenter. org/gainknowledge/ research/pdf/fy2011_highlights. pdf.

［4］ Usman Hayat, "Do Investment Professionals Know about Impact Investing?" CFA Institute, July 2013, cited in World Economic Forum, *From the Margins to the Mainstream*, 5.

［5］ World Economic Forum, *From the Margins to the Mainstream*.

［6］ Bugg-Levine and Emerson, *Impact Investing*, 151.

［7］ E. T. Jackson and Associates, *Accelerating Impact*, xviii; Frieriech and Fulton, *2009 Monitor Report*, 47 – 48; Koh, Karamchandani, and Katz, *From Blueprint to Scale*, 7 – 9.

［8］ Shirley Sagawa, "A Policy Agenda for the New Frontiers of Philanthropy," Chapter 24 in Salamon, *New Frontiers of Philanthropy*.

［9］ Frieriech and Fulton, *2009 Monitor Report*, 47; O'Donohoe et al. , *Impact Investments*, 76; Ben Thornley, David Wood, Katie Grace, Sarah

Sullivan, *Impact Investing: A Framework for Policy Design and Analysis* (n. p. : Insight at Pacific Community Ventures and The Initiative for Responsible Investment at Harvard University, January 2011), 15 – 16; UN Development Program, *Human Development Report* (New York: UN Development Program, 2011), v.

[10] Frieriech and Fulton, *2009 Monitor Report*, 47.

[11] E. T. Jackson and Associates, *Accelerating Impact*, 29.

[12] E. T. Jackson and Associates, *Accelerating Impact*, 21 – 27.

[13] "About: How It Works," TONIIC, accessed February 24, 2013, http://toniic. com/about/how-it-works/.

[14] Frieriech and Fulton, *2009 Monitor Report*, 46.

[15] *Encyclical Letter Caritas In Veritate, Of The Supreme Pontiff, Benedict XVI, To the Bishops Priests and Deacons, Men And Women Religious, the Lay Faithful, and All People Of Good Will, On Integral Human Development, In Charity and Truth*, Para. 46, accessed May 5, 2011, http://www. vatican. va/holy_father/benedict_xvi/encyclicals/documents/hf_ ben-xvi_enc_20090629_caritas-in-veritate_en. html.

术　语

债券（Bond）：一种超大型的固定收益证券，通常需要经过一个由评级机构主持的评级过程，以便向潜在投资者提供保证（即"评级债券"）。不过，未评级债券或票据（*notes*）也经常被使用，尤其是在社会影响力投资领域。

资本垛（Capital stack）：一种资本金，它将不同层次或"份额"的投资资本汇集在一起，每个层次或"份额"具有不同的风险 – 回报特征，因而每个层次或"份额"适合不同的潜在投资者。

抵押品（Collateral）：任何为某笔贷款提供担保的资产。如果这笔贷款无法获得偿还，那么该资产将全部或部分地让渡给贷方。

社区发展金融机构（Community Development Finance Institution）：包括全美1300多家的社区发展贷款基金、风险资本基金、信用社和社区发展银行，其投资集中在衰败的城市社区和农村社区，并取得了从美国联邦政府的社区发展金融机构支持资金获得资助的资格。

转制型基金会（Conversion foundation）：一种因公共或准公共资产私有化而产生的慈善基金会。这里所谓的公共或准公共资产可以是一家政府所有的企业、一栋政府所有的建筑或其他资产、一些政府控制的特定收入来源（比如彩票）或者非营利组织向营利企业的转制。

信用增级（Credit enhancement）：一种特殊的诱导手段。比如，为贷款提供担保以吸引贷方投资于其认为存在风险的项目。

债务（Debt）：包括多种投资方式。比如，贷款、债券或抵押贷款。在这些投资方式里，投资者有权要求被投资者偿还原始"本金"外加"利息"，"利息"可以是初始投资的一定比例，要么按时支付，要么在未来的某个约定时间（到期日期）支付。

捐赠者指示型基金（Donor-advised fund）：一种由捐赠者通过存款建立起来的慈善资金池，由社区基金会、企业发起型慈善基金或其他非营利机构进行管理。捐赠者可以在存款的时候就享受全额的慈善税收抵免，然后在若干年后从该资金池中拿钱出来捐赠给符合资格的非营利组织。

企业中介（Enterprise broker）：一种发挥关键中间人作用的个人或机构，致力于帮助社会目标投资者识别符合其投资目标的潜力股企业。

股权投资（Equity investment）：一种投资方式，能够让投资者获得被投资企业的股份，从而也让投资者既有权享有相应的一部分企业利润，又可以在未来某个时间将这些股份出售获利。

经济回报优先型投资者（Finance-first investor）：一种既寻求投资获得风险调整后市场回报率，又希望投资符合社会或环境影响力底线的投资者。

固定收益证券（Fixed-income security）：一种期限较长的大额贷款，一般通过承销商或投资银行进行销售，销售对象包括各种各样的投资者。比如，养老基金、保险公司和高净值人群。

作为慈善银行的基金会（Foundation as philanthropic bank）：这种基金会不仅将其拨款资金，而且将其资产用于项目相关性投资，甚至还广泛地利用非拨款型援助来进一步撬动自身资源。

资助联合体（Funding collaborative）：一种网络，可以作为一群个人或机构捐赠者和投资者进行集体拨款或社会目标投资的载体。

影响力优先型投资者（Impact-first investor）：一种既寻求投资的社会或环境影响力最大化，又希望投资满足经济回报底线的投资者。

投资资本（Investment capital）：一种收入形式，其本质是要构建组织的长期能力和能量，一般表现为设备、工具、技能和战略计划等形式，被期望能够在较长时期里每年给组织带来运营收入。

在线门户网站和在线交易平台（Online portals and exchanges）：一种利用互联网将（有偿的和无偿的）现金、商品和（或）服务直接提供给社会目标组织。

运营收入（Operating income）：一种组织用于维持每年日常运营的

收入。

私募股权（Private equity）：一种不能在公开股票交易所进行的股权投资。

项目相关性投资（Program-related Investment，PRI）：一种支持方式，美国政府允许将这种支持计入基金会的法定最低公益支出，不过这种支持能够以贷款、股权或其他金融工具的形式提供给营利性和非营利性组织，只要这种支持没有用于商业目的并且符合基金会的总体慈善使命。

公募股权（Public equity）：一种可以在公开股票交易所进行的股权投资。

准股权（Quasi-equity）：一种股权投资方式，允许投资者从组织未来收入中获益的方式是收取与组织收入挂钩的特许权使用费，而非分享组织赚取的利润。准股权投资者一般在组织管理中扮演顾问的角色而不是股东的角色。

评级债券（Rated security）：一种被诸如标准普尔之类的准官方债券评级机构评定为信誉良好的债券。

二级市场机构（Secondary market）：一种金融机构，首先通过发行债券来筹集资金，然后运用筹集到的资金购买初始贷方发放的贷款，以使这些初始贷方重新获得可以用于发放新贷款的资金。

有抵押债务（Secured debt）：一种得到一些资产作担保的债务，假如这笔债务无法获得偿还，那么贷方可以获取这些资产。

证券化（Securitization）：一种金融程序，首先将一批贷款（比如抵押贷款）进行捆绑打包，然后将它们作为抵押品在资本市场发行债券，最后利用债券的销售所得来支付这批贷款的购买费用。

优先级债务/贷款（Senior debt/loan）：一种贷款或其他类型的债务，其在借方无力偿还全部债务的时候可以优先获得偿付或抵押品。

社会证券交易所（Social stock exchange）：一种受到严格管制的交易平台，通过该平台，分散的社会目标投资者能够找到并投资给自己属意的社会目标企业，而社会目标企业也能够得到它们扩张和成长所需的资本。

软贷款（Soft loan）：这种贷款的期限灵活，目的在于帮助初创企业度过初创期，实现盈利。

后偿级债务/贷款（Subordinated debt/loan）：一种贷款或其他类型的债务，其在借方无力偿还全部债务的时候，只能等待其他贷方或投资者获得偿付之后才能得到偿付。

无抵押贷款（Unsecured debt）：一种未获特定资产（抵押品）作担保的债务。如果有抵押品作担保，那么贷方可以在贷款未获偿还时得到抵押品。

参考文献

Aavishkaar. "About Us." Accessed November 4, 2012. http://www.aavishkaar.in/about-us/.

Aavishkaar. "Investment Approach." Accessed November 4, 2012. http://www.aavishkaar.in/about-us/investment-approach/.

Aavishkaar. "About Us." Accessed August 12, 2012. http://www.aavishkaar.in.

Acumen Fund. "About Us." Accessed August 18, 2012. http://www.acumenfund.org.

Acumen Fund. "About Us." Accessed December 4, 2012. http://www.acumenfund.org/about-us.html.

Acumen Fund. "Acumen Fund Ten Year Report, 2001–2011." Accessed January 2, 2013. http://www.acumenfund.org/uploads/assets/documents/Acumen%20Fund%20Ten%20Year%20Report%202001%20-%202011a_3wcsNw56.pdf.

Angel Investors Network. "About." Accessed October 19, 2012. http://www.angelinvestors.net/about.

Arkansas Capital Corporation Group. "Company History & Information." Accessed May 11, 2013. http://arcapital.com/programs/our-history/.

Bamboo Finance. "The Bamboo Finance Private Equity Group." Accessed May 11, 2013. http://www.bamboofinance.com.

Benjamin, Lean, Julia Sass Rubin, and Sean Zielenbach. "Community Development Financial Institutions: Expanding Access to Capital in Under-served Markets." In *The Community Development Reader*, edited by James DeFilippis and Susan Saegert. New York: Routledge Publications, 2008, 95–105.

Big Society Capital. "How We Are Funded." Accessed May 11, 2013. http://www.bigsocietycapital.com/how-we-are-funded.

Big Society Capital. "Social Investment is a Way of Using Capital to Generate Social Impact as well as Some Financial Return for Investors." Accessed May 11, 2013. http://www.bigsocietycapital.com/what-social-investment.

Bishop, Matthew, and Michael Green. *Philanthrocapitalism: How The Rich Can Save The World*. New York: Bloomsbury Press, 2008.

B-Lab. "About B-lab." Accessed February 5, 2013. http://benefitcorp.net/about-b-lab.

B-Lab. "How GIIRS Works." Accessed February 5, 2013. http://www.giirs.org/about-giirs/how-giirs-works.

Blue Orchard. "Fact Sheet." Accessed May 11, 2013. http://www.blueorchard.com/jahia/webdav/site/blueorchard/shared/Publications%20and%20Resources/BlueOrchard%20Factsheets/0907_Fact%20sheet%202009_EN.pdf.

Board of Governors of the Federal Reserve System. "Federal Reserve Statistical Release, Z.1, Flow of Funds Accounts of the United States, March 2011."Accessed May 11, 2013. http://www.federalreserve.gov.releases/z1/201000311.

Bornstein, David. *How to Change the World: Social Entrepreneurs and the Power of New Ideas.* New York: Oxford University Press, 2004.

Borzaga, Carlos, and Jacques Defourny. *The Emergence of Social Enterprise.* London: Routledge, 2001.

Brown, Lester. *World on the Edge: How to Prevent Environmental and Economic Collapse.* New York: W.W. Norton, 2011. Accessed April 14, 2013. http://www. earth-policy.org/books/wote.

Bugg-Levine, Antony, and Jed Emerson. *Impact Investing: Transforming How We Make Money While Making a Difference.* San Francisco: Jossey-Bass, 2011.

California Wellness Foundation. "Financial Statements." Accessed February 6, 2010. http://www.calwellness.org/assets/docs/annual_report/TCWF_FS_2008. pdf.

Calvert Foundation. "Community Investment Note." Accessed May 11, 2013. http:// www.calvertfoundation.org/invest/how-to-invest/community-investment-note.

Calvert Foundation. "Mission and History." Accessed January 2, 2013. http://www. calvertfoundation.org/index.php?option=com_content&view=article&id=66 &Itemid=76.

Carmody, Lucy, Benjamin McCarron, Jenny Blinch, and Allison Prevatt. *Impact Investing in Emerging Markets.* Singapore: Responsible Research, 2011.

CEI Ventures. "Overview." Accessed November 3, 2012. http://www.ceiventures. com.

CGAP. "About Us." Accessed October 20, 2012. http://www.cgap.org/p/site/c/ aboutus/.

CGAP. "The History of Microfinance." Prepared for CGAP UNCDF donor training, "The New Vision of Microfinance: Financial Services for the Poor." Accessed June 11, 2013. http://www.slideshare.net/JosephSam/ the-history-of-microfinance-cgap

Churchill, Craig, and Michael J. McCord. "Emerging Trends in Microinsurance." In *Protecting the Poor: A Microinsurance Compendium,* vol. 2, edited by Craig Churchill and Michal Matul. Geneva: International Labor Organization and Munich Re Foundation, 2012, 8–39.

City of New York, Office of the Mayor. "Mayor Bloomberg, Deputy Mayor Gibbs, and Corrections Commissioner Schriro Announce the Nation's First Social Impact Bond Program." Accessed November 4, 2012. http://www.nyc.gov/ html/om/html/2012b/pr285-12.html.

Community Reinvestment Fund. "Quick Facts." Accessed September 1, 2012. http://www.crfusa.com/AboutCRF/Pages/QuickFacts.aspx.

Cooch, Sarah, and Mark Kramer. *Compounding Impact: Mission Investing by U.S. Foundations.* FSG Social Impact Advisors, 2007.

Dighe, Atul. "Demographic and Technological Imperatives." In *The State of Nonprofit America,* 2nd Edition, edited by Lester M. Salamon. Washington, DC: Brookings Institution Press, 2012, 616–638.

Drexler, Michael, and Abigail Noble. Preface to World Economic Forum, *From the Margins to the Mainstream: Assessment of the Impact Investment Sector and*

Opportunities to Engage Mainstream Investors. Davos: World Economic Forum, September 2013. Accessed November 15, 2013. http://www3.weforum.org/docs/WEF_II_FromMarginsMainstream_Report_2013.pdf.

Edna McConnell Clark Foundation. "How We Work." Accessed May 11, 2013. http://www.emcf.org/how-we-work/.

Erickson, David. *The Housing Policy Revolution*. Washington, DC: Urban Institute Press, 2008.

E. T. Jackson and Associates. *Accelerating Impact: Achievements, Challenges and What's Next in Building the Impact Investing Industry*. New York: Rockefeller Foundation, July 2012. Accessed September 14, 2013. http://www.rockefeller-foundation.org/uploads/images/fda23ba9-ab7e-4c83-9218-24fdd79289cc.pdf.

Ethical Property. "How to Invest." Accessed November 4, 2012. http://www.ethical-property.co.uk/howtoinvest.php.

European Venture Philanthropy Association. *European Venture Philanthropy Directory 2010/11*. Brussels: European Venture Philanthropy Association, 2010.

Eurosif. *European SRI Study: 2012*. Brussels: Eurosif, 2012. Accessed May 11, 2013. http://www.eurosif.org/research/eurosif-sri-study/sri-study-2012.

Financial Markets Series. *Bond Markets 2011*. London: TheCityUK, 2011. Accessed May 11, 2013. http://www.thecityuk.com/assets/Uploads/BondMarkets2011.pdf.

Ford Foundation. "About." Accessed February 6, 2010. http://www.fordfound.org/about.

Forum for Sustainable and Responsible Investment. *Report on Sustainable and Responsible Investing Trends in the United States: 2012*. Washington, DC: US SIF, 2012.

Foundation Center. *Foundation Yearbook: Facts and Figures on Private and Community Foundations, 2008 Edition*. New York: Foundation Center, 2008.

Foundation Center. *Foundation Yearbook, 2009*. New York: Foundation Center, 2010.

Foundation Center. "Highlights of Foundation Yearbook, 2011 Edition." Accessed May 10, 2013. http://foundationcenter.org/gainknowledge/research/pdf/fy2011_highlights.pdf.

Freireich, Jessica, and Katherine Fulton. *Investing for Social and Environmental Impact*. San Francisco: Monitor Institute, 2009. Accessed May 11, 2013. http://www.monitorinstitute.com/impactinvesting/documents/ InvestingforSocialandEnvImpact_FullReport_004.pdf.

Godeke, Steven, and Raúl Pomares with Albert V. Bruno, Pat Guerra, Charly Kleisner, and Hersh Shefrin. *Solutions for Impact Investors: From Strategy to Implementation*. New York: Rockefeller Philanthropy Advisors, 2009.

Goodall, Emilie, and John Kingston. *Access to Capital: A Briefing Paper*. London: CAF Venturesome, 2009. Accessed February 10, 2013. http://www.marmanie.com/cms/upload/file/CAF_Venturesome_Access_to_Capital_0909.pdf.

Grantmakers in Health. *A Profile of Foundations Created from Health Care Conversions*. Grantmakers in Health, 2009. http://www.gih.org/files/usrdoc/2009_ Conversion_Report.pdf.

Grassroots Business Fund. *2011 Annual Report of the Grassroots Business Fund*. Washington, DC: Grassroots Business Fund, 2011. Accessed May 11, 2013. http://gbfund.org/sites/default/files/GBF_AR_2011.pdf.

Habitat for Humanity International. "Flexible Capital Access Program (FlexCap): Investment Summary." Accessed May 11, 2013. https://www.missioninvestors.org/system/files/tools/Habitat%20for%20Humanity%27s%20FlexCAP%20summary.pdf.

Hattendorf, Laura. "The Trouble with Impact Investing: P2." *Stanford Social Innovation Review* Impact Blog, April 18, 2012. Accessed May 13, 2013. http://www.ssireview.org/blog/entry/the_trouble_with_impact_investing_part_2.

Hill, Kate. *Investor Perspectives on Social Enterprise Financing.* London: City of London, Big Lottery Fund, Clearly So, 2011.

HTC Group. "Welcome to HCT Group." Accessed November 4, 2012. http://www.hctgroup.org.

Hub, The. "About." Accessed October 20, 2012. http://www.the-hub.net/about.

Humphreys, Joshua. "Sustainability Trends in US Alternative Investment." US SIF Foundation: Forum for Sustainable and Responsible Investment, 2011. Accessed October 19, 2012. http://www.investorscircle.net/accelsite/media/3195/Sustainability%20Trends%20in%20US%20Alternative%20Investments%20Report.pdf.

Hutton, Robert. "Cameron Opens $1 Billion Big Society Bank to Fund Charities." *Bloomberg,* April 4, 2012. Accessed May 11, 2013. http://www.bloomberg.com/news/2012-04-03/cameron-opens-1-billion-big-society-bank-to-fund-charities.html.

IDB Group. "The IDB Group: Your Partner for Impact Investing in Latin America and the Caribbean." Accessed May 11, 2012. http://idbdocs.iadb.org/wsdocs/getdocument.aspx?docnum=36886146.

IFFIm. "Bonds." Accessed May 11, 2013. http://www.iffim.org/bonds.

Internal Revenue Service. "Notice of Proposed Rulemaking: Examples of Program-Related Investments REG-144267-11." *Internal Revenue Bulletin* 2012–21 (May 21, 2012). Accessed April 13, 2013. http://www.irs.gov/irb/2012-21_IRB/ar11.html.

International Association of Microfinance Investors. "Microfinance Investment." Accessed May 11, 2013. http://www.iamfi.com/microfinance_investment.html.

International Labour Organization. "Microinsurance Innovation Facility." Accessed May 11, 2013. www.ilo.org/microinsurance.

Jolly, David, and Jack Ewing. "Unemployment in Euro Zone Reaches New High." *New York Times,* November 30, 2012. Accessed May 11, 2013. http://www.nytimes.com/2012/12/01/business/global/daily-euro-zone-watch.html.

Kansas Venture Capital. "Kansas Venture Capital, Inc. ('KVCI')." Accessed May 11, 2013. http://www.kvci.com/.

Kentucky Highlands Investment Corporation. "Equity Investments." Accessed November 3, 2012. http://www.khic.org/equity.html.

Keystone Accountability. "Constituency Voice." Accessed February 9, 2013. http://www.keystoneaccountability.org/analysis/constituency.

Kiva. "About." Accessed October 20, 2012. http://www.kiva.org/about/stats.

Koh, Harvey, Ashish Karamchandani, and Robert Katz. *From Blueprint to Scale: The Case for Philanthropy in Impact Investing.* San Francisco: Monitor Group, 2012.

Lawrence, Steven. "Doing Good with Foundation Assets: An Updated Look at Program-Related Investments." In *The PRI Directory*, 3rd ed, edited by Foundation Center. New York: Foundation Center, 2010, xiii–xx.

Lawrence, Steven, and Reina Mukai. *Key Facts on Mission Investing.* New York: Foundation Center, 2011.

Letts, Christine, William Ryan, and Allen Grossman. "Virtuous Capital: What Foundations can Learn from Venture Capitalists." *Harvard Business Review* (March–April 1997): 36–46.

Living Cities. "History." Accessed October 19, 2012. http://www.livingcities.org/about/historv/.

Markets for Good. *Markets for Good: Upgrading the Information Infrastructure for Social Change.* 2012. Accessed May 11, 2013. http://www.marketsforgood.org/wordpress/wp-content/uploads/2012/11/MarketsforGood_Information-Infrastructure_Fall-2012_.pdf.

Massachusetts Capital Resource Company. "Mass Capital, Company." Accessed May 11, 2013. http://www.masscapital.com/company/.

McKinsey and Company. *And the Winner is … Capturing the Promise of Philanthropic Prizes.* 2009. Accessed May 13, 2013. http://mckinseyonsociety.com/ down - loads/reports/Social-Innovation/And_the_winner_is.pdf.

Microfinance Africa. "USAID and Impact Investors Capitalize New Equity Fund for East African Agribusiness." Accessed May 11, 2013. http://seedstock.com/2011/10/05/usaid-global-impact-investing-network-join-to-create-east-africa-agricultural-investment-fund/.

Mission Investors Exchange. "About Mission Investors Exchange." Accessed October 20, 2012. http://www.missioninvestors.org/about-us/ origins-mission-investors-exchange.

Mission Investors Exchange. "The Origins of Mission Investors Exchange." Accessed October 20, 2012. http://www.missioninvestors.org/about-us/ origins-mission-investors-exchange.

Mission Investors Exchange. "What's New in Mission Investing?" Accessed October 20, 2012. https://www.missioninvestors.org/whats-new.

Monitor Institute. "Investing for Social & Environmental Impact: A Design for Catalyzing an Emerging Industry." Accessed May 11, 2013. http://www.monitorinstitute.com/impactinvesting/documents/InvestingforSocialandEnvImpact_FullReport_004.pdf.

National Philanthropic Trust. "2011 Donor-Advised Fund Report." Accessed May 11, 2013. http://www.nptrust.org/images/uploads/2011%20 Donor-Advised-Fund-Report%281%29.pdf.

NESTA. "About Us." Accessed May 11, 2013. http://www.nesta.org.uk/.

Net Impact. "Home Page." Accessed October 1, 2012. http://netimpact.org/.

New Energy Finance. "Global Trends in Clean Energy Investment: Q4 2009 Clean Energy Fact Pack." Accessed May 11, 2013. http://about.bnef.com/fact-packs/global-trends-in-clean-energy-investment-q4-2009-fact-pack/.

New Profit. "About Us." Accessed May 11, 2013. http://newprofit.com/cgi-bin/iowa/about/9.html.

Nichols, Alex. *Social Entrepreneurship: New Models of Sustainable Social Change.* Oxford: Oxford University Press, 2006.

O'Donohoe, Nick, Christina Leijonhufvud, Yasemin Saltuk, Antongy Bugg-Levine, and Margot Brandenburg. *Impact Investments: An Emerging Asset Class.* New York: J.P. Morgan, 2010.

Opportunity Finance Network. "CDFI Data Project." Accessed May 11, 2013. http://www.opportunityfinance.net/industry/default.aspx?id=236.

Opportunity Finance Network. "About." Accessed October 12, 2012. http://www.opportunityfinance.net/about.

Prahalad, C. K. *The Fortune at the Bottom of the Pyramid: Eradicating Poverty through Profits.* Philadelphia: Wharton School Publishing, 2004.

Popper, Nathan. "Even with Fiscal Agreement, Investors Facing Imminent Obstacles." *New York Times,* January 1, 2013. Accessed September 14, 2013. http://www.nytimes.com/2013/01/02/business/economy/daily-stock-market-activity.html?_r=0.

Reed, Stanley, and Mark Scott. "In Europe, Paid Permits for Pollution Are Fizzling." *New York Times,* April 22, 2013.

Roth, Jim, Denis Garand, and Stuart Rutherford. *The Landscape of Microinsurance in the World's 100 Poorest Countries.* Appleton, WI: Microinsurance Center, 2007.

Rural Housing and Economic Development Gateway, US Department of Housing and Urban Development. "Kentucky Highlands Investment Corporation." Accessed March 2, 2013. http://www.hud.gov/offices/cpd/economicdevelopment/programs/rhed/gateway/pdf/KentuckyHighlands.pdf.

Salamon, Lester M. *America's Nonprofit Sector: A Primer.* 3rd ed. New York: Foundation Center, 2012.

Salamon, Lester M., editor. *New Frontiers of Philanthropy: A Guide to the New Tools and Actors Reshaping Global Philanthropy and Social Investing.* New York: Oxford University Press, 2014.

Salamon, Lester M. "Of Market Failure, Voluntary Failure, and Third-Party Government: Toward a Theory of Government-Nonprofit Relations in the Modern Welfare State." In Lester M. Salamon, *Partners in Public Service: Government-Nonprofit Relations in the Modern Welfare State.* Baltimore: Johns Hopkins University Press, 1995, 33–52.

Salamon, Lester M. *Philanthropication thru Privatization: Building Assets for Social Progress.* New York: East-West Management Institute, 2013. http://bit.ly/1brWDcL.

Salamon, Lester M. "Privatization for the Social Good: A New Avenue for Global Foundation-Building." In *The PB Report: 2009,* edited by The Privatization Barometer. July 2010.

Salamon, Lester M. *Rethinking Corporate Social Engagement: Lessons from Latin America.* Sterling, VA: Kumarian Press, 2010.

Salamon, Lester M. "The Rise of the Nonprofit Sector." *Foreign Affairs* 73.4 (July–August 1994): 109–22.

Salamon, Lester M., editor. *The State of Nonprofit America.* 2nd ed. Washington, DC: Brookings Institution Press, 2012.

Salamon, Lester M. *The Tools of Government: A Guide to the New Governance.* New York: Oxford University Press, 2002.

Salamon, Lester M. "What Would Google Do? Designing Appropriate Social Impact Measurement Systems." *Community Development Investment Review* 7.2 (December 2011): 43–47.

Salamon, Lester M., and Stephanie Geller. "Investment Capital: The New Challenge for American Nonprofits." Johns Hopkins Nonprofit Listening Post Project (2006). Accessed May 11, 2013. http://ccss.jhu.edu/publications-findings? did=265.

Saltuk, Yasemin, Amit Bouri, and Giselle Leung. *Insight into the Impact Investment Market: An In-Depth Analysis of Investor Perspectives and over 2,200 Transactions.* London: J.P. Morgan Social Finance Research, 2011. Accessed November 16, 2013. http://www.thegiin.org/cgi-bin/iowa/ download?row=334&field=gated_download_1.

Saltuk, Yasemin, Amit Bouri, Abhilash Mudaliar, and Min Pease. *Perspectives on Progress: The Impact Investor Survey.* London: J.P. Morgan Global Social Finance, 2013. Accessed April 14, 2013. http://www.jpmorganchase.com/ corporate/socialfinance/document/207350_JPM_Perspectives_on_ Progress_2013-01-07_1018749_ada.pdf.

Schwartz, Rob. *Social Investment.* London: Clearly So, 2012.

SEEDCO. *The Limits of Social Enterprise.* New York: SEEDCO Policy Center, 2008.

SeedStock. "USAID, Global Impact Investing Network Join to Create East Africa Agricultural Investment Fund." Accessed May 11, 2013. http:// seedstock.com/2011/10/05/usaid-global-impact-investing-network-j oin-to-create-east-africa-agricultural-investment-fund/.

Small Enterprise Assistance Fund (SEAF). "Our Impact." Accessed June 6, 2013. http://seaf.com/index.php?option=com_content&view=article&id=36&Itemi d=82&lang=en.

Social Enterprise UK. *Fightback Britain: A Report on the State of Social Enterprise Survey 2011.* London: Social Enterprise UK, 2011.

Social Finance. "Home." Accessed November 4, 2012. http://www.socialfinance. uk/print9.T

Social Finance. *A New Tool for Scaling Impact: How Social Impact Bonds Can Mobilize Private Capital to Advance Social Good.* Boston: Social Finance, 2012. Accessed November 4, 2012. http://www.socialfinance.org.uk/resources/social-finance/ new-tool-scaling-impact-how-social-impact-bonds-can-mobilize-private-capita.

Social Investment Forum. "About Us." Accessed October 20, 2012. http://www. socialinvest.org.

Starr, Kevin. "The Trouble with Impact Investing: P1." *Stanford Social Investment Review* (January 24, 2012). Accessed May 11, 2013. http://www.ssireview.org/ blog/entry/the_trouble_with_impact_investing_part_1.

Stein, Peer, Tony Goland, and Robert Schiff. *Two Trillion and Counting: Assessing the Credit Gap for Micro, Small, and Medium-Size Enterprises in the Developing World.* Washington, DC: International Finance Corporation and McKinsey & Company, 2010.

Strauss, William, and Neil Howe. *Millennials Rising: The Next Great Generation.* New York: Vantage, 2000.

Swiss Reinsurance Company. *Microinsurance—Risk Protection for 4 Billion People.* Zurich: Swiss Re, 2010.

TechSoupGlobal. "TechSoup Global by the Numbers, Quarterly Report, October 2010." Accessed May 11, 2013. http://www.techsoupglobal.org/press/selectcoverage.

Thomas, Landon, Jr. "As the Bailouts Continue in Europe, So Does the Flouting of Rules." *New York Times*, November 29, 2012.

Thornley, Ben, and Colby Dailey. "Building Scale in Community Impact Investing Through Nonfinancial Performance Measurement." *Community Development Investment Review* 6.1 (2010). Accessed May 13, 2013. http://www.frbsf.org/community-development/files/Thornley_ Dailey.pdf.

Thornley, Ben, David Wood, Katie Grace, and Sarah Sullivan, *Impact Investing: A Framework for Policy Design and Analysis*. N.P.: Insight at Pacific Community Ventures and The Initiative for Responsible Investment at Harvard University, January 2011.

TONIIC. "Global Gathering." Accessed October 19, 2012. http://toniicglobalgathering.eventbrite.com/.

TONIIC. "About: How It Works." Accessed February 24, 2013. http://toniic.com/about/how-it-works/.

Tzetzes, John. *Book of Histories (Chiliades)*. Translated by Francis R. Walton. N.P.: Lipsiae, 1826.

United Nations Development Program. *Human Development Report*. New York: United Nations Development Program, 2011.

United Nations Principles for Responsible Investment. "About Us." Accessed October 20, 2012. http://www.unpri.org.

United States Census Bureau. *Statistical Abstract of the United States, 2012*. Accessed May 10, 2013. http://www.census.gov/compendia/statab/cats/banking_ finance_ insurance/financial_assets_and_liabilities.html.

United States Social Investment Forum Foundation. *Report on Sustainable and Responsible Investing Trends in the United States: 2012*. Washington, DC: US SIF, 2012.

Vatican, The. *Encyclical Letter Caritas In Veritate, Of The Supreme Pontiff, Benedict XVI, To the Bishops Priests and Deacons, Men And Women Religious, the Lay Faithful, and All People Of Good Will, On Integral Human Development, In Charity and Truth*. Accessed May 5, 2011. http://www.vatican.va/holy_father/benedict_xvi/encyclicals/documents/hf_ben-xvi_enc_20090629_caritas-in-veritate_en.html.

Velasquez, Christa. "Advancing Social Impact Investment Through Measurement." Comments at Federal Reserve. Accessed May 11, 2013. http://www.frbsf.org/cdinvestments/conferences/social-impact-investments/transcript/Velasquez_Panel_3.pdf.

Venturesome. *Access to Capital: A Briefing Paper*. London: CAF Venturesome, 2011.

Vogel, David. *The Market for Virtue: The Potential and Limits of Corporate Social Responsibility*. Washington, DC: Brookings Institution Press, 2005.

Volunteer Match. "Our 2011 Annual Report Infographic." Accessed October 23, 2012. http://blogs.volunteermatch.org/engagingvolunteers/2012/06/25/ our-2011-annual-report-infographic-the-story-of-you/.

Weaver, Evan. "Marrying Cash and Change: Social 'Stock Markets' Spread Worldwide." *Christian Science Monitor*, August 30, 2012. Accessed March 3, 2012. http://

www.csmonitor.com/World/Making-a-difference/Change-Agent/2012/0830/
Marrying-cash-and-change-Social-stock-markets-spread-worldwide.

Willow Impact Investors. "Investment Policy." Accessed March 2, 2013. http://
www.willowimpact.com/about-us/company/investment-policy.html.

Willow Impact Investors. "About Us: Our Team." Accessed August 10, 2012. http://
www.willowimpact.com/about-us/.

World Bank. *State and Trends of the Carbon Market*. Washington, DC: World Bank
Group, 2011. Accessed May 11, 2013. http://siteresources.worldbank.org/
intcarbonfinance/Resources.

World Economic Forum. *From the Margins to the Mainstream*. Davos: World
Economic Forum, September 2013. http://www3.weforum.org/docs/WEF_
II_FromMarginsMainstream_Report_2013.pdf.

Young, Dennis R., Lester M. Salamon, and Mary Clark Grinsfelder.
"Commercialization, Social Ventures, and For-Profit Competition." In *The State
of Nonprofit America*, edited by Lester M. Salamon. Washington, DC: Brookings
Institution Press, 2012, 521–548.

索 引

（页码为原书页码）

译后记

　　写译后记就像在履行一个俗套的仪式。说实在，译后记有些多余。一则译者并未给译本增添任何新的思想和知识，后记写得再多也只是为他人再做一件嫁衣；二则对译者的评价完全取决于译本的翻译质量，后记写得再好也加不了分。然而，虑及半年多的艰辛，也就忍不住想啰唆几句无关宏旨的话。

　　该译本是由我和中南财经政法大学的张远凤教授合力翻译而成，然而我们至今未谋一面。合作翻译此书，实有一段渊源。约在去年暑假期间，我们不约而同地着手翻译萨拉蒙教授的这本著作。到了10月份，我们才发现双方都在从事相同的工作，于是决定开展合作。其时，张教授已经译完初稿（不包括注释、术语、索引、附录、封底推荐语），而我也已经译出前三章。之后，我花费了两个月时间将两个版本整合在一起，前半部分以我的译稿为主，后半部分以张教授的译稿为主，力图形成一个兼取双方之长、语言风格统一的译本。此外，我还将原著中的注释、术语、索引、附录、封底推荐语也一一翻译出来。接着，张教授又从头到尾将译稿校对和修改了一遍，并提出了很多十分有价值的意见。最后，我通读了译稿，并再次做了修改。可以说，现在的译本是双方通力协作的产物。

　　"养育好一个孩子，需要举全村之力。"这句古语不仅适用于创造一本专著，而且也适用于翻译一本专著。真诚感谢华南师范大学的褚蓥老师，他牵头主编这套译丛，让我们得到翻译此书的机会。由衷感谢社会科学文献出版社的曹义恒先生，他为本书的版权洽谈和编辑校对付出了大量的精力，也对我们的翻译工作提出了不少宝贵的建议。还要特别感谢浙江工业大学的吕鑫老师、中南财经政法大学的陈琼华老师、华南理工大学的薛琬烨同学，他们审读了译稿，并给出了很多中肯而有益的意见。

限于译者水平有限，译本难免存在一些错漏之处，敬请方家不吝指正。指正意见可以发到译者邮箱：payetuo@ scut. edu. cn。

叶　托

2017 年 2 月于广州华工校园

图书在版编目（CIP）数据

撬动公益：慈善和社会投资新前沿导论／（美）莱斯特·M. 萨拉蒙（Lester M. Salamon）著；叶托，张远凤译. -- 北京：社会科学文献出版社，2017.9

（南山慈善译丛）

书名原文：Leverage for Good：An Introduction to the New Frontiers of Philanthropy and Social Investment

ISBN 978 - 7 - 5201 - 0692 - 4

Ⅰ.①撬… Ⅱ.①莱… ②叶… ③张… Ⅲ.①慈善事业 - 关系 - 社会投资 - 研究 Ⅳ.①C913.7②F830.59

中国版本图书馆 CIP 数据核字（2017）第 081398 号

南山慈善译丛·第一辑

撬动公益：慈善和社会投资新前沿导论

著　　者／〔美〕莱斯特·M. 萨拉蒙（Lester M. Salamon）
译　　者／叶　托　张远凤

出 版 人／谢寿光
项目统筹／曹义恒
责任编辑／曹义恒　程　艳　孙军红

出　　版／社会科学文献出版社·社会政法分社（010）59367156
　　　　　　地址：北京市北三环中路甲 29 号院华龙大厦　邮编：100029
　　　　　　网址：www. ssap. com. cn
发　　行／市场营销中心（010）59367081　59367018
印　　装／北京季蜂印刷有限公司

规　　格／开　本：787mm × 1092mm　1/16
　　　　　　印　张：12　字　数：208 千字
版　　次／2017 年 9 月第 1 版　2017 年 9 月第 1 次印刷
书　　号／ISBN 978 - 7 - 5201 - 0692 - 4
著作权合同
登 记 号／图字 01 - 2016 - 7549 号
定　　价／79.00 元